Frauen leben länger – aber wovon?

ECON Praxis

Das Buch:

»Vor einigen Jahren«, so Svea Kuschel, »habe ich versucht, ein Fachbuch über Versicherungen zu schreiben und mich dabei so gelangweilt, daß ich es wieder aufgab. Ganz anders war es bei diesem Buch. Das Schreiben hat mir Spaß gemacht, denn ich habe es so geschrieben, wie ich mit Frauen über dieses Thema rede – ohne Fachchinesisch. Im Vordergrund steht die individuelle Situation der einzelnen Frau und was sie jeweils beachten sollte. Der Nutzen dieser Information kommt ihr unmittelbar zugute. Versicherungen gehören zu unserem Leben – sie müssen aber auch zu unserer Lebenssituation passen.«

Pressestimmen:

Elle: »Anschaulich, konkret und erfrischend praktisch«

Bayerischer Rundfunk: »Ein wichtiges Buch für Frauen…«

Die Autorin:

Svea Kuschel ist Versicherungs- und Finanzdienstleisterin für Frauen und gründete vor über 10 Jahren die erste Versicherungsagentur von Frauen für Frauen in Deutschland. Sie schreibt regelmäßig Artikel zum Thema »Frauen und Finanzen« und berät neben ihren Klientinnen auch Verbände und andere Experten.

Svea Kuschel

Frauen leben länger – aber wovon?

Was Frauen über Versicherungen wissen sollten

ECON Taschenbuch Verlag

Veröffentlicht im ECON Taschenbuch Verlag
Originalausgabe
3. aktualisierte und erweiterte Auflage 1996

Umschlaggestaltung: INIT, Bielefeld
Titelabbildung: IFA-Bilderteam, Düsseldorf
Illustrationen: Claudia Kreile, München
Die Ratschläge in diesem Buch sind von der Autorin und dem Verlag sorgfältig erwogen und geprüft worden; dennoch kann eine Garantie nicht übernommen werden. Eine Haftung der Autorin bzw. des Verlags und seiner Beauftragten für Personen-, Sach- und Vermögensschäden ist ausgeschlossen.
Gesetzt aus der Candida
Satz: Formsatz GmbH, Diepholz
Druck und Bindearbeiten: Ebner Ulm
Printed in Germany
ISBN 3-612-21334-2

Inhalt

Vorwort

Vor einigen Jahren erkrankte ich scheinbar ernsthaft. Vor der Operation – die sich später freilich als unnötig erwies – forderte der Arzt mich auf, »meine Angelegenheiten zu regeln.«

Blitzschnell überlegte ich, daß alle Kosten, die durch die Krankheit entstehen konnten, durch entsprechende Versicherungen gedeckt waren. Meine drei Kinder, alle noch in der Ausbildung, würden bis zu ihrem 27. Lebensjahr Waisengeld erhalten. Aber dann? Ein Studium ist im Alter von 27 Jahren häufig noch nicht abgeschlossen, Geld wird noch nicht verdient. Unser Haus, das für alle drei Kinder genügend Platz bietet, hat zwar einen erheblichen Wert, ist aber wegen der Baukosten noch hoch belastet. Ohne vernünftiges eigenes Einkommen können die Kinder es nicht halten. Im Ernstfall müssen sie es also verkaufen! Und das angesichts der Wohnungsmisere auf dem gesamten Wohnungsmarkt – eine deprimierende und ängstigende Vorstellung für eine Mutter, die in einer solchen Lebenskrise nichts dringender braucht als das Gefühl, jedenfalls die Kinder vernünftig gesichert zu wissen.

Wie gesagt, die ärztliche Diagnose erwies sich als unzutreffend, es gab, gottlob, »Entwarnung«, aber der Schock saß tief. Ich brauchte, das war mir in diesen Wochen klargeworden, eine Lebensversicherung, die das Risiko der noch nicht getilgten Hauskredite absicherte, die diesen Rest also zahlte, falls ich stürbe, damit die Kinder in dem Haus bleiben könnten.

Die Odyssee durch den deutschen Lebensversicherungsmarkt begann, ein Angebot war teurer als das andere, so daß ich schließlich seufzend zu dem Schluß kam: Wenn ich an nichts anderem sterbe, so an der Höhe der Lebensversicherungsprämien!

In dieser Situation traf ich Svea Kuschel, die gerade die erste Versicherungsagentur von Frauen für Frauen eröffnet hatte. Sie verstand nicht nur mein Problem sofort, sondern fand sehr schnell eine Versicherung heraus, die mein Problem der Restschuldversicherung exakt und zu bezahlbaren Prämien löste.

Seit ich diese Versicherung habe, bin ich entspannt. Ich weiß, daß meine Kinder, sollte mir etwas passieren, unser Grundstück ohne Hypothekenschulden übernehmen und deshalb auch dann halten können, wenn ihr Einkommen dafür noch nicht ausreicht.

Diese kleine Begebenheit, für mich damals ein riesengroßes Problem, macht die Wichtigkeit, ja Unerläßlichkeit guter Versicherungen ebenso deutlich wie die Notwendigkeit einer seriösen, auf Frauen und ihre Bedürfnisse zugeschnittenen Beratung.

Ob es um Krankheit, Verlust der Arbeitskraft, um die Lösung von Familienkrisen, bei denen häufig die Altersvorsorge der Frau auf der Strecke bleibt, ja um den eigenen Tod geht: Eine rechtzeitige, realistische und ökonomisch tragbare Versicherung ist eine durch nichts anderes ersetzbare Beruhigung für jeden Menschen.

Svea Kuschel hat vor einigen Jahren den mutigen Weg eingeschlagen, Versicherungsfragen speziell für Frauen zu lösen – ihr Buch wird helfen, dieses wichtige Programm zu vervollständigen und so auch den Menschen bekannt zu machen, die sie noch nicht kennen.

Hamburg, Mai 1992

Dr. Lore Maria Peschel-Gutzeit
(ehemalige Senatorin für Justiz in Hamburg, heute Senatorin für Justiz in Berlin)

Frauen und Versicherungen – eine glückliche Beziehung?

Endlich in Sicherheit! Denken Sie da zunächst an Versicherungen? Ich nicht, obwohl ich mich täglich mit dem Thema Frauen und Versicherungen auseinandersetze. Für mich ein spannendes Thema. Für Sie auch? Wenn ja, gehören Sie zu den 21 Prozent der Frauen, die sich mit dem Thema Versicherungen auskennen. Bei den Männern sind es immerhin 62 Prozent. Bei dem Thema Versicherungen geht es um Sicherheit – finanzielle Sicherheit, Freiheit und Unabhängigkeit. Aber alles hat seinen Preis, auch die Sicherheit, die Versicherungen Ihnen bieten können. Der Preis sagt nur wenig über den Wert einer Versicherung aus. Überflüssige Versicherungen sind oft verhältnismäßig teuer, andererseits können Sie wertvollen Schutz für nur ein paar Mark im Monat erhalten! Entscheidend ist Ihr Wissen über Versicherungen, denn Wissen ist in diesem Fall bares Geld. Sich Wissen aus Büchern anzueignen, ist manchmal mühsam und langweilig. Es geht aber auch anders: Daß das Thema Versicherungen auch spannend sein kann, habe ich in zahlreichen Vorträgen, Workshops, Seminaren, Kongressen und Artikeln bewiesen. Warum also ein Versicherungsbuch für Frauen? Es gibt bereits sehr gute und informative Bücher, die auch die Schwachstellen der Versicherungen aufzeigen und nicht nur sagen, was gebraucht wird, sondern auch worauf verzichtet werden sollte.

Eines fehlt diesen Büchern jedoch: Sie sehen die Versicherungsangebote nicht aus der Sicht der Frauen. Sie berücksichtigen zuwenig die spezielle Lebenssituation der Frauen, die oft erheblich von der Situation der Männer abweicht.

Frauen haben in den meisten Fällen einen anderen Lebenslauf als Männer. Das kann als eine große Bereicherung angesehen werden, denn neben dem Berufsleben haben dort noch Zeiten zum Beispiel als Hausfrau und Mutter Platz. Frauen müssen aber ihr »abwechslungsreiches« Leben mit hohen finanziellen Einbußen im Alter und bei Invalidität bezahlen. Das darf nicht sein.

Ich wünsche mir, daß Sie sich persönlich an der einen oder anderen Stelle in diesem Buch wiederfinden. Daß Sie aus dem Geschriebenen Nutzen ziehen können, weil die Informationen nicht aus dem Zusammenhang gerissen wurden, sondern genau dort stehen, wo sie zu ihrer persönlichen Lebenssituation passen. Die Aufteilung wird also nicht nur nach Versicherungsarten erfolgen – natürlich gibt es auch diesen Fachteil mit Beschreibungen der einzelnen Versicherungen –, sondern nach Personengruppen. Da wir uns nicht in Schablonen pressen lassen, wird natürlich nicht alles genau zu Ihnen passen. Sie werden aber sicher das eine oder andere übernehmen können. Dieses Buch soll Sie fit machen für den Umgang mit dem Thema Versicherungen. Das kann Ihnen viel Ärger und natürlich viel Geld ersparen helfen.

Ich wünsche Ihnen, daß Sie von den Erfahrungen, die ich in den vielen Jahren meiner Selbständigkeit als unabhängige Versicherungsexpertin für Frauen sammeln konnte, profitieren. Aus Erfahrung behaupte ich nicht, daß sich Frauen mit dem Thema schwertun und Männer besser durchblicken. Frauen haben eine andere Vorgehensweise. Sie wollen den Sinn dessen erkennen, was sie tun. Da es aber wenig Aufklärung ohne Verkaufsdruck in dieser Branche gibt, nehmen sie häufig Abstand von diesem Thema. Und wie verhalten sich Frauen in der Praxis, wenn es um die eigene Absicherung geht?

Einige Beispiele sind typisch für viele Frauen:

1. Sie schließen keine Versicherungen ab. Aus Angst, sich etwas aufschwatzen zu lassen oder aus Unwissenheit etwas falsch zu machen, wird lieber gar nichts getan.
2. Erst dann, wenn schon ein Schaden eingetreten ist, wird versucht, die eigene Versicherungssituation in Ordnung zu bringen. Sie beschäftigen sich erst mit dem Thema Versicherungen, wenn etwas schon nicht mehr zu versichern ist.
3. Sie geben das Ganze aus der Hand. Nach dem Motto: »Machen Sie, was Sie wollen.« Das wird dann auch gemacht und kann enorm viel Geld kosten, denn es wer-

den nicht nur die wichtigsten Dinge abgesichert. Bei den Frauen bleibt das Gefühl, zwar versichert zu sein, aber nicht zu wissen, gegen was und ob alles auch wirklich erforderlich ist. Ich höre immer wieder: »Hören Sie bloß auf mit Versicherungen, was ich da für Geld reinstecke. Ich habe schon so viele.« »Viele Versicherungen« heißt aber nicht die richtigen zum besten Preis.

4. Sie haben sich gut vorbereitet, haben viele Vergleiche gelesen, vielleicht sogar ein Fachbuch über Versicherungen, und freuen sich, ihr Fachwissen einmal in der Praxis anwenden zu können.
5. Sie gehen schrittweise vor. Wählen konsequent die günstigsten Angebote aus, haben aber das Bedürfnis, von einer Fachfrau zu erfahren, ob alles in Ordnung ist. Sind oft enttäuscht, daß bei der günstigsten Versicherung kein Service geboten wird.
6. Sie geben sowieso alles aus der Hand. Fühlen sich in keiner Weise zuständig. Da ist immer ein Mann – ob Ehemann, Freund oder der Versicherungsvertreter im Freundeskreis –, der alles viel besser weiß und der sich um sie kümmert. Sie sind stolz darauf, keinerlei Ahnung von Gelddingen zu haben, und sind der Meinung: » Das kapiere ich sowieso nie.« Im Ernstfall stellen sie aber häufig fest, daß die vorhandenen Versicherungen gar nichts mit ihrer eigenen Person zu tun haben.
7. Sie sind leicht zu begeistern und versichern immer gerade das, was ihnen schmackhaft gemacht wird. Sie haben ein buntes Allerlei von Versicherungen. Sie haben erkannt, daß da etwas passieren muß und daß es für sie wichtig ist, sich schlau zu machen und nicht immer Spontankäufe zu tätigen.
8. Sie wissen bereits gut Bescheid, können sich aber eifach nicht entscheiden.

Ich weiß nicht, zu welcher Frauengruppe Sie gehören oder ob Sie sich gar keiner zuordnen können oder wollen. Eines sollte jedoch feststehen: Egal, welchen Weg Sie bisher gegangen sind, schlagen Sie jetzt Ihren eigenen ein! Es geht ja schließlich um Ihre Sicherheit und um Ihr Geld.

Vorsorge statt Fürsorge

Das Thema Frauen und Versicherungen gewinnt immer mehr an Bedeutung. Kaum eine Zeitschrift, die nicht einen Sonderteil zu diesem Thema veröffentlicht. Bücher erscheinen, große Veranstaltungen werden unter diesem Motto abgehalten. Die Zeit ist reif. Frauen sind nicht mehr nur dieVerwalterinnen des Haushaltsgeldes. Sie verdienen selber Geld. Mit anderen Worten: Das über Jahrhunderte hochgehaltene Versorgungs- und Versicherungssystem ist völlig überaltert und somit nicht mehr zeitgemäß.

Das nicht zu erkennen bedeutet für viele Frauen absolute Abhängigkeit bis zur Armut im Alter.

Jahreseinkommen in DM	Anzahl Versicherungsjahre	monatliche Altersrente in DM
25 806,45	30	702,19
25 806,45	35	819,22
25 806,45	40	936,25
25 806,45	45	1 053,28
32 258,06	30	877,77
32 258,06	35	1 024,06
32 258,06	40	1 170,36
32 258,06	45	1 316,65
38 709,68	30	1 053,21
38 709,68	35	1 228,75
38 709,68	40	1 404,28
38 709,68	45	1 579,82

Jahreseinkommen in DM	Anzahl Versicherungsjahre	monatliche Altersrente in DM
48 720,00	30	1 325,60
48 720,00	35	1 546,53
48 720,00	40	1 767,47
48 720,00	45	1 988,40
50 972,00	30	1 386,90
50 972,00	35	1 618,05
50 972,00	40	1 849,20
50 972,00	45	2 080,35
64 516,13	30	1 755,40
64 516,13	35	2 047,97
64 516,13	40	2 340,53
64 516,13	45	2 633,10
93 600,00	30	2 546,76
93 600,00	35	2 971,23
93 600,00	40	3 395,69
93 600,00	45	3 820,15
*		
*Höchstbeitrag		

Tab. 1 a: Rentenertrag, Stand Juli 1995

Quelle: Schallöhr Verlag 7/95

Monatsbeitrag in DM	Jahresaufwand in DM	monatliche Rentensteigerung pro Jahr in DM
107,88 *	1 294,56	6,31
200,–	2 400,00	11,70
300,–	3 600,00	17,55
400,–	4 800,00	23,41
500,–	6 000,00	29,26
600,–	7 200,00	35,11
755,16	9 061,92	44,19
790,07	9 480,84	46,23
800,–	9 600,00	46,81
1 000,–	12 000,00	58,51
1 450,80*	17 409,60	84,89
*Mindest- und Höchstbeiträge zur gesetzlichen Rentenversicherung 1995		

Tab. 1 b: Rentensteigerungstabelle

Quelle: Schallöhr Verlag 7/95

Nach neuesten Erkenntnissen des Statistischen Landesamtes (Stand Januar 1994) können ältere Frauen im Rentenalter von 65 Jahren mit durchschnittlich 710 Mark monatlich rechnen.

Die Armut in Deutschland ist weiblich, und das mit steigender Tendenz. Der größte Teil der Sozialhilfeempfänger in Deutschland ist weiblich. Sozialhilfe nach einem arbeitsreichen Leben – das haben die Frauen nicht verdient. Wenn es aber kein Geheimnis ist, daß die Frauen die Verliererinnen bei der gesetzlichen Rente sind und nur wenige eine Betriebsrente erwarten können, dann müßte doch die private Absicherung in erster Linie zugunsten der Frauen erfolgen. In der Praxis sieht es aber genau umgekehrt aus. Auch die private Altersvorsorge wird in Familien oder bei eheähnlichen Gemeinschaften für den Mann abgeschlossen. Nur 40 Prozent aller Lebensversicherungen gehören Frauen. Das ist verschwindend wenig, denn Frauen stellen bei uns die Hälfte der Bevölkerung. Hinzu kommt, daß die Versicherungssummen der Frauen auch noch weit unter denen der Männer liegen. Also nicht dem Bedarf entsprechend, sondern – wie eh und je – der sowieso schon besser versicherte Mann wird noch zusätzlich versorgt. Liegt es an den Männern? Liegt es an den Versicherungen? Zum Teil, denn die Gespräche finden von Mann zu Mann statt. Viele Frauen lehnen aber auch die Gespräche über Versicherungen ab.

Über Versicherungen	Westdeutschland Männer	Frauen
	%	%
Entscheide ich allein	34	14
Entscheide hauptsächlich ich, aber andere sind beteiligt	46	28
Entscheide ich nicht persönlich, entscheiden hauptsächlich andere	14	50
Kommt für mich oder uns nicht in Frage	6	8
	100	100

Tab. 2: Wer entscheidet in Mehrpersonenhaushalten?

Quelle: Allensbacher Werbeträger Analyse 1991 (Westdeutschland)

Meine persönlichen Erfahrungen lassen mich aber optimistisch in die Zukunft blicken. Immer mehr Frauen erkennen, daß sie selber für ihre Absicherung verantwortlich sind. Sie setzen sich mit dem Thema Versicherungen auseinander, denn schließlich geht es um ihre finanzielle Sicherheit, Freiheit und Unabhängigkeit.

Versicherungen – seit Generationen ein Männerthema

Wie sieht das klassische Familienbild der Politiker aus? Mann, Frau und Kind. Nur wenn die Frau zu Hause bleibt, kommen die staatlichen Vergünstigungen wie Ehegattensplitting, Kindererziehungszeiten in der gesetzlichen Rentenversicherung usw. zum Tragen. 50 Prozent der Frauen im Westen beziehen ihren Lebensunterhalt überwiegend vom Ehemann. Der Mann hat also die Verantwortung für den finanziellen Rahmen. Die Frau verwaltet zwar das ihr zur Verfügung gestellte Geld. Über den Rahmen hinaus kann sie aber keine Entscheidungen treffen. Der Mann ist der »Ernährer«, also die wichtigste Person innerhalb der Familie. Alle Absicherungsmaßnahmen werden auf die Person des Mannes bezogen. Ihn gilt es abzusichern, denn von ihm hängt alles ab. Ist es so? Hat die Arbeit der Frau keinen Wert? Muß nur im Todesfall des Mannes Geld zum Weiterleben vorhanden sein?

»Überlebt« der Mann – das ist zum Glück der häufigere Fall –, bekommt er im Alter seine Rente, und beide leben glücklich und zufrieden …

In der Praxis sieht es im Alter aber häufig anders aus. Die meisten Ehen werden nicht mehr durch den Tod geschieden, sondern vor Gericht. Die Verliererin, wenn es um die eigene Altersvorsorge geht, ist dann in den meisten Fällen trotz Versorgungsausgleich die Frau.

Die Aussage »Ist der Mann versichert, ist die Frau versorgt« stimmt nicht mehr. Jede dritte Frau bei uns lebt allein. Aber auch jede verheiratete Frau sollte genau wissen, inwieweit der Schutz für beide gilt und wann ein eigener Schutz für sie wichtig ist.

Für alle Frauen gilt: Sie sollten die eigene Person in den Mittelpunkt aller Überlegungen stellen, wenn es um das Thema finanzielle Absicherung geht. Das fällt uns Frauen besonders schwer, denn schon als Kinder haben wir gelernt, daß nur Bescheidenheit sich auszahlt. Ob Aschenputtel, Goldmarie, Sterntaler – sie alle waren Frauen, die nicht an Gut und Geld interessiert waren. Sie wurden dafür in barer Münze oder wenigstens mit einem Prinzen belohnt. Warten auf den Prinzen kann heute aber nicht mehr als der beste Weg zur Absicherung empfohlen werden. Es bleibt uns Frauen also nur eins: zu prüfen, wie es im Ernstfall aussehen würde. Meine erste Prüfung hat mich sehr erschüttert, denn so knapp hatte ich mir meine Altersvorsorge nicht vorgestellt. Trotzdem behielt ich einen kühlen Kopf, denn mir blieb noch Zeit, das Steuer herumzureißen. Je später das Thema in Angriff genommen wird, desto größer wird der finanzielle Aufwand sein.

Männer und Frauen sind gleichberechtigt – auch bei Versicherungen?

Die Frage, ob die Beiträge für Männer und Frauen geschlechtsspezifisch kalkuliert werden sollten, beantworte ich aus meiner Erfahrungen mit Nein. Überall dort, wo die Beiträge der Versicherungen nach Frauen und Männern getrennt berechnet werden, entstehen für Frauen Nachteile. Ich spreche von elementaren privaten Versicherungen, nicht von solchen, die beispielsweise das Blech des Autos versichern. Wo es um finanzielle Absicherung im persönlich-existentiellen Bereich geht, sind Frauen im Nachteil:

- Krankenversicherung
  Die Beiträge für junge Frauen liegen zum Teil 100 Prozent über denen der Männer.
  Begründungen:
  - Frauen gehen häufiger zum Arzt,
  - Frauen nehmen die Vorsorgeuntersuchungen in Anspruch,
  - Frauen bekommen Kinder.
- Pflegeversicherung
  Wie bei der Krankenversicherung sind auch hier die Beiträge für Frauen erheblich höher.
  Begründung:
  - Frauen leben länger und müssen länger gepflegt werden.
- Berufsunfähigkeitsversicherung
  Bei den Frauen schlagen die Versicherungen noch einen Risikobeitrag auf.
  Begründung:

– zuwenig Zahlenmaterial.

- Lebensversicherungen
  Die Beiträge für die klassische Lebensversicherung sind für Frauen günstiger.
  Begründung:
  – die längere Lebenserwartung der Frauen.
  Dieser Vorteil bringt den Frauen wenig, denn wird das Mehrkapital dann in eine sofort beginnende lebenslange private Rentenversicherung eingezahlt, so ist diese aus dem gleichen Grund – längere Lebenserwartung = längere Rentenzahlung – wieder teurer.

Unterm Strich bringt den Frauen die geschlechtsspezifische Kalkulation nur Nachteile, in keinem Fall aber Vorteile.

Hier ein Beispiel, damit Sie sich einen Eindruck davon machen können, daß nichts passiert, wenn Frauen nicht selber eingreifen und Druck ausüben. Zahlenmäßig sind wir Frauen stark. Über die Hälfte der Bevölkerung in Deutschland ist weiblich. Jedoch nur wenige werden aktiv.

Unser Arbeitskreis hat Jahre gebraucht, bis die Falschkalkulation der Versicherungen bei den privaten Berufsunfähigkeitsrenten publik wurde und aufgrund von Presseberichten und dem Druck der Verbraucherschützer eine Neukalkulation »empfohlen« wurde.

Die Absicherung für den Fall der Berufsunfähigkeit ist für Frauen und Männer sehr wichtig. Für viele ist die eigene Arbeitskraft das einzige Kapital.

Die private Absicherung für den Fall der Berufsunfähigkeit ist dringend erforderlich. Die gesetzlichen Ansprüche reichen nicht aus. Die höchste Berufsunfähigkeitsrente, die mir bei der Berechnung für eine Frau begegnet ist, war 1500 DM monatlich.

Deutschland
ALTERSSPEZIFISCHE ERWERBSQUOTEN
IM APRIL 1994[1])

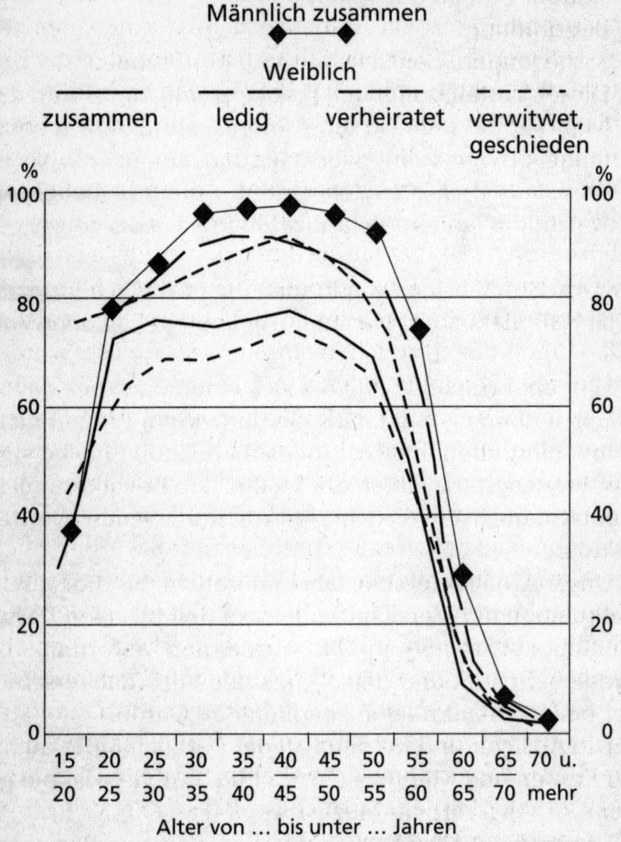

1) Ergebnis des Mikrozensus.

Statistisches Bundesamt 95 – 5 – 0323

Hier ein kleiner Blick in die jüngste Vergangenheit: Jahrzehntelang wurden auf die Männertarife für die Berufsunfähigkeitsrenten-Beiträge einfach 50 % aufgeschlagen, wenn eine Frau die Absicherung wollte. Das Thema Berufsunfähigkeit von Frauen war relativ neu, und es herrschte wohl immer noch die Ansicht vor, daß die Berufstätigkeit von Frauen eher die Ausnahme bildet. Geschlafen haben die Versicherungen! Die Kalkulationsgrundlage für die Berechnung der Berufsunfähigkeitsprämien bildete eine Studie von elf amerikanischen Unternehmen aus den Jahren 1935 bis 1939.

Bei der Neukalkulation, die durch den Protest von Frauenorganisationen, ganz vorn der Arbeitskreis Versicherungs- und Finanzexpertinnen für Frauen bundesweit, und einigen Verbraucherzentralen ausgelöst wurde, stellte sich dann folgendes heraus: Die Beiträge für Männer waren zu niedrig kalkuliert worden. Die Frauen haben über ein halbes Jahrhundert hinweg die Männer mitfinanziert. Damit ist es jetzt vorbei, denn Männer- und Frauentarife wurden neu kalkuliert. Fair wäre es, wenn die Männer jetzt die Frauen mitfinanzieren würden. Weit gefehlt. Eine Solidargemeinschaft zugunsten von Frauen ist undenkbar. In den Versicherungen sitzen an den entscheidenden Stellen Männer – auch in den mathematischen Abteilungen. Liegt nicht genügend Zahlenmaterial vor, so wird auch heute wieder davon ausgegangen, daß Frauen das größere Risiko darstellen. Es gibt noch einige Beispiele für Ungerechtigkeiten bei der Kalkulation zu Lasten der Frauen. So auch die Beiträge in der privaten Krankenversicherung.

Ist Kinderkriegen eine Krankheit?

Bei der Begründung, warum Frauen so viel höhere Beiträge zahlen, werden stets die Kosten genannt, die der Krankenversicherung im Zusammenhang mit einer Schwangerschaft entstehen. Aber nur wenige Anbieter zahlen ein Krankentagegeld bei Schwangerschaftserkrankungen. Es wird also mit zweierlei Maß gemessen.

Der Gemeinschaft aller Frauen wird das Schwangerschaftsrisiko zugerechnet. Auch den Frauen, die nachweislich keine Kinder bekommen können. Eigentlich sollten diese Anrecht auf einen günstigeren Männertarif erhalten. Kinderkriegen kostet viel, den Preis zahlen die Frauen, obwohl Männer bekanntlich daran nicht unbeteiligt sind. Wieso übernehmen nicht die Männer, die Kinder zeugen, einen Teil der Kostenrisikos? Das könnte zu höheren Beiträgen für Männer führen, denn sie sind länger zeugungsfähig als Frauen empfängnisfähig. Ob die Mathematiker in den Versicherungen schon einmal darüber nachgedacht haben?

Die aber haben inzwischen zu neuen Höhenflügen angesetzt: Frauenprämien konnten nochmals angehoben werden, obwohl Frauen je nach Alter schon heute bis zu 70 Prozent mehr Beitrag als Männer bezahlen. Frauen leben länger! Wirklich? Wie sieht denn die Struktur der privatversicherten Frauen aus? Sind da nicht die Frauen mit dem Gehalt oberhalb der Bemessungsgrenze und die Freiberuflerinnen und Unternehmerinnen in der Überzahl? Sicher haben die Verantwortlichen in den Versicherungen schon davon gehört, daß die Lebenserwartung berufstätiger Frauen nicht unbedingt über der der Männer liegt. Bis heute konnten aus diesem Grund auch Frauen ab 60 Jahren, wenn sie die Bedingungen erfüllen, in Rente gehen, weil davon ausgegangen wurde, daß die Doppelbelastung durch Familie und Beruf ihre Lebenserwartung verkürzt.

Ich persönlich habe massiv Zweifel, ob die großzügige Kalkulation zu Lasten der Frauen nicht darauf zurückzuführen ist, daß die Hauptzielgruppe der privaten Krankenversicherungen nach wie vor die Männer sind.

Den Frauen werden die hohen Vorsorgeaufwendungen in jungen Jahren teuer angerechnet. Diese Vorsorge zahlt sich aber aus, denn vorsorgen ist bekanntlich billiger als heilen, weshalb für ältere Frauen die Beiträge günstiger sind als für Männer. Nur: Was soll das? Da steigt doch kaum noch eine Frau in die private Krankenversicherung ein. Bis die Beiträge sinken, haben die Versicherungen nämlich schon ordentlich von den Frauen abkassiert.

Unerklärlich ist mir auch, wieso gerade ein Krankenversicherungstarif, bei dem die Übernahme von Kosten für Medikamente weitgehend ausgeschlossen ist, für Männer s. o. um ca. 31 Prozent erhöht wurde. Und das ausgerechnet von einem Unternehmen, das die hohen Kosten anderer Tarife stets durch den erhöhten Medikamentenverbrauch bei Frauen rechtfertigte.

Sinnvoll wäre es, einen Bonus für die Vorsorge in jungen Jahren zu gewähren, der sich im Alter auszahlt. Ebenso könnte man den gewährten Bonus zwar kassieren, aber für die Altersrückstellung verwenden.

Die Kosten für die Schwangerschaft sollten sich alle Männer und Frauen teilen, das wäre fairer, weil wir ja alle Kinder wollen.

Nur ein einziges Unternehmen in Deutschland – die Hanse Merkur – nimmt diese Teilung der Kosten vor. Nach dem »Verursacherprinzip« wird das Risiko Schwangerschaft auf Männer und Frauen verteilt.

Die Zeit ist reif für die Prüfung, ob die unterschiedliche Kalkulation nach Männern und Frauen nicht gegen das Gleichbehandlungsgesetz von Männern und Frauen verstößt.

Versicherungsberatung von Frauen für Frauen

Ist die Beratung von Frauen für Frauen nur eine Verkaufsmasche? Die Frage nach dem Hintergrund und, damit verbunden, der Aufrichtigkeit dieser Beratungsidee ist nicht so ohne weiteres mit Ja oder Nein zu beantworten.

Da gibt es die Versicherungsunternehmen, die ihr frauenfeindliches Verhalten bisher nicht aufgegeben haben und weiterhin den Frauen schlechtere Tarife als den Männern anbieten, sich aber das Deckmäntelchen der Frauenfreundlichkeit umhängen. Sie bauen Vertriebsorganisationen auf, die sich dann »von Frauen für Frauen« nennen. Dahinter steckt kein Idealismus, sondern eine knallharte Verkaufsmasche. Es werden sogenannte Frauenprodukte entwickelt. Dabei handelt es sich um reine Augenwischerei. Es werden ganz normale Tarife als Frauenprodukte verkleidet, zum Beispiel die private Rentenversicherung als »Hausfrauenrente«. Eine ganz normale Lebensversicherung mit steigendem Todesfallschutz als »Single-Police«. Damit ist den Frauen nicht gedient.

Sie wollen partnerschaftliche und faire Beratung von Frau zu Frau – ohne Verkaufsdruck.

Gibt es eine Organisation, die sich wirklich für die Belange der Frauen einsetzt? Die sich politisch bei der Versicherung für Frauen stark macht? Die weder an Banken noch an Versicherungen gebunden ist?

Es gibt sie. Sogar schon seit Jahren. Lange bevor die Versicherungskonzerne ihr Herz für Frauen entdeckt haben. Es ist der »Arbeitskreis Versicherungs- und Finanzexpertinnen für Frauen bundesweit«. Dabei handelt es sich um einen Zusammenschluß von Versicherungs- und Finanzfachfrauen, die an kein Unternehmen gebunden sind. Sie beraten Frauen und zeigen Wege auf, wie diese sich sinnvoll absichern und Kapital bilden können. Es genügt ihnen nicht, Versicherungs- und Finanzangebote vorzulegen und zu verkaufen. Sie prüfen die Produkte mit frauenspezifischem Blick und vertreten die Interessen von Frauen gegenüber Versicherungen und Banken.

Wichtig ist in erster Linie eine persönliche Analyse der Lebenssituation der Frauen und der Produkte, die nicht standardisiert sind, sondern genau dieser Situation angepaßt werden können. Frauen-Versicherungspakete sind also keine gute Lösung, denn Frau ist nicht gleich Frau. Auch hier gibt es große Unterschiede im Bedarf. Diesen Bedarf zu ermitteln, die Frauen zu informieren und ein entsprechendes Angebot zusammenzustellen, gehört auch zu den Aufgaben der »Arbeitskreis«-Frauen.

Von Finanzdingen verstehe ich nichts

Es gab Zeiten, da galt es als besonders fraulich, sich nicht um Gelddinge zu kümmern. Je unbeholfener und unwissender sich eine Frau in finanziellen Dingen gab, desto mehr Fürsorge wurde ihr entgegengebracht.

Zum Glück sind diese Zeiten vorbei. Immer mehr Frauen nehmen mittlerweile ihre Absicherung selber in die Hand. Sie haben erkannt, daß nur sie selbst etwas tun können, denn das ist der einzig verläßliche Weg.

Frauen sind inzwischen in allen Geldbereichen zu finden. Sie gründen Frauen-Investment-Clubs, sind als Brokerinnen an der Börse tätig, als Beraterinnen in allen Geldbereichen aktiv. Nur eines haben sie noch nicht geschafft: die Schlüsselpositionen in Banken und Versicherungen zu besetzen. Dort ist alles noch fest in Männerhand. An der Denkweise der Männer hat sich nichts Grundlegendes geändert.

Als ich mein erstes Symposium »Frauen und Geld« in München organisiert und einen Sponsor gesucht habe, wollte zunächst keine Bank oder Versicherung einsteigen. Schließlich erklärte sich dann doch eine Bank bereit und stellte sich als Gastgeberin zur Verfügung. Aber so ganz geheuer war es den Entscheidungsträgern dabei nicht.

Da bestanden unter anderem Ängste, als »Emanzen-Bank« angesehen zu werden. Auch eine Schwerpunktverlagerung zugunsten der Frauen sollte nicht erfolgen.

Das Symposium wurde ein Erfolg und in den darauffolgenden Jahren sogar wiederholt. Es haben sich wesentlich mehr Frauen angemeldet, als in den Workshops aufgenommen werden konnten. Die Bank war zufrieden, und die Befürchtung, in eine bestimmte Ecke gestellt zu werden verschwand.

Andere Banken und Versicherungen werden diesem Beispiel folgen. Den Startschuß hat vor Jahren die Berliner Bank gegeben – mit dem ersten Symposium »Frauen und Geld« in Berlin, das viel beachtet wurde.

Eine Besonderheit dieser Symposien ist nicht nur, daß sich Frauen ohne Verkaufsdruck informieren können, sondern auch, daß die Information von Frauen vermittelt wird. Die Frauen selbst empfinden dies als besser. Das Gespräch von Frau zu Frau fällt leichter. Frauen sprechen anders miteinander: partnerschaftlich und nicht von oben herab, wie es Männer oft praktizieren, indem sie die Materie gerne in ihrem Fachchinesisch vortragen. Dadurch soll sie großartiger erscheinen. Frauen referieren und arbeiten in vielen Fällen mehr praxisbezogen. Der Titel eines Münchner Symposiums: »Über Geld spricht Frau nicht« kann also nur als Frage gedacht sein. Denn Tatsache ist: sie tut es!

Haben Frauen erst einmal den Einstieg in die Materie Versicherungen gewagt, wird ihnen schnell klar, welche existentielle Bedeutung das Thema für sie selber hat. Über allem steht die Frage:

Woher kommt Geld, wenn
- … ich lange Zeit krank bin?
- … ich ein Pflegefall werde?
- … ich invalide werde?
- … ich alt bin?
- … ich jemandem einen Schaden zufüge?

Womit auch schon die wichtigsten Bereiche genannt sind. Viele Frauen, aber nur wenige Männer müssen die Frage mit »Ich weiß nicht« beantworten.

Welche finanziellen Risiken kann eine Frau selbst übernehmen, welche sollte sie absichern?

Risiken selbst zu übernehmen heißt, im Schadensfall kein Geld von einer Versicherung zu bekommen. Damit sollten wir leben können, denn wollten Sie *im* Leben alles versichern, so bliebe Ihnen kein Geld *zum* Leben.

Doch wo liegt Ihre ganz persönliche Grenze, wenn es um die Übernahme von finanziellen Risiken geht?

Das Spektrum ist groß. Die einen versichern jeden klapprigen Stuhl im Haushalt, das alte Fahrrad, das Surfbrett usw., andere wiederum nur Risiken, die existenzbedrohend sind, z.B. Haftpflichtansprüche bis zu einer Höhe von 7,5 Millionen Mark für Personen- und Sachschäden.

Häufig jedoch ist zwar jedes Stück Blech am Auto versichert, nicht aber die eigene Arbeitskraft. Die Person sollte im Vordergrund stehen. Gegenstände können neu angeschafft werden. Geht die Arbeitskraft durch einen Unfall oder eine Krankheit verloren, so kann diese nicht neu beschafft werden.

Der schnellste Weg, an überflüssige und zu teure Versicherungen zu kommen

Nehmen wir einmal an, Sie wären entschlossen, Ihre Absicherung selbst in die Hand zu nehmen. Trotzdem bestünde das Risiko, daß Sie zu teure und überflüssige Versicherungen abschließen würden. Wie könnten Sie das vermeiden? Hier ein paar Tips, die Ihnen viel Ärger ersparen.

1. Schließen Sie nie eine Versicherung ab, nur weil Ihnen jemand eine verkaufen will. Das heißt, unterschreiben Sie keinen Vertrag, bevor Sie nicht wenigstens eine Nacht darüber geschlafen haben. Sie werden sehen: Ist der Vertreter mit seinem verkäuferischen Talent verschwunden, sehen die Angebote oft gar nicht mehr so verlockend aus. Und das ist gut so.
2. Lassen Sie sich immer ein schriftliches Angebot geben. So haben Sie die Möglichkeit, es mit anderen zu vergleichen.
3. Erkundigen Sie sich, ob Ihr(e) GesprächspartnerIn nur für ein Unternehmen tätig ist. Wenn ja, so kann er oder sie gar nicht das günstigste für Sie auswählen, sondern

Ihnen nur die Produkte seines Unternehmens anbieten. Jedes Unternehmen hat gute und weniger gute Angebote. Für Sie ist es kein Vorteil, alle Versicherungen bei einem Unternehmen zu haben.

4. Da MaklerInnen für ihre Empfehlungen selbst geradestehen müssen (Haftung), haben Sie die besten Chancen, dort objektiver beraten zu werden. Wenn Sie nicht die Möglichkeit haben, zu einer unabhängigen Maklerin oder einem Makler zu gehen, schicken Sie Ihre Anfrage an verschiedene Versicherungsunternehmen. Sie werden staunen, wie groß die Beitragsunterschiede für gleiche Leistungen sind.

Drum prüfe, wer sich lange bindet

Vor einem Abschluß sollten Sie noch ein paar Dinge beachten. Lassen Sie sich durch nichts davon abbringen, zuerst nur die *wichtigsten* Versicherungen abzuschließen. Erst wenn Sie diese abgeschlossen haben, sollten Sie sich um die *wichtigen* kümmern und dann erst die *weniger wichtigen* in Angriff nehmen. An erster Stelle stehen die Versicherungen, bei denen es um Personen geht. Natürlich kann es sein, daß Ihnen Ihr Hausrat gerade am wich-

tigsten ist. Die letzte Entscheidung treffen sowieso immer nur Sie.

Viele Versicherungen bieten sogenannte Versicherungspakete an. Für Sie wird es dadurch schwerer, die Leistungen und Beiträge zu vergleichen. Gehen Sie davon aus, daß es in den meisten Fällen kein Vorteil ist, ein solches Paket zu kaufen. Dort werden die für Sie wichtigen Versicherungen mit solchen gemischt, an denen die Versicherungen gut verdienen. Risikomischung nennen das die Anbieter. Sie können alles, was Sie wirklich brauchen, auch separat versichern.

Hier zwei Beispiele:

1. Sie schließen eine Kfz-Haftpflichtversicherung für Ihr Auto ab und zusätzlich eine Insassen-Unfallversicherung. Die Kfz-Haftpflichtversicherung ist eine Pflichtversicherung, und das ist auch gut so, denn wenn Sie einen Schaden verursachen, muß Geld vorhanden sein. Forderungen werden an Sie gestellt. Die Kfz-Haftpflicht zahlt, wenn Sie schuld haben. Hat Ihr Unfallgegner schuld, so zahlt seine Kfz-Haftpflichtversicherung. Liegt also eine Schuld vor, so wird auch für Schäden gezahlt, die Insassen erlitten haben. Die Insassenunfallversicherung gehört zu den unwichtigen Versicherungen. Nur 25 Prozent der eingenommenen Beiträge müssen von den Versicherern für Schäden wieder ausgegeben werden.
2. Sie wollen für Ihr Alter vorsorgen und schließen eine Kapital-Lebensversicherung ab. Ehe Sie sich versehen, haben Sie für »ein paar Pfennige mehr im Monat« eine Unfallzusatzversicherung mitabgeschlossen. Wenn Sie durch einen Unfall zu Tode kommen, so erhalten Ihre Hinterbliebenen nicht nur die einfache Versicherungssumme aus der Kapital-Lebensversicherung, sondern die doppelte Versicherungssumme. Sie woll-

ten aber etwas für sich selber tun, und es ging Ihnen gar nicht um Hinterbliebene. Schon gar nicht bis zu Ihrem 65. Lebensjahr, denn dieser Zusatzschutz bleibt bis zum Ende bestehen, wenn Sie ihn nicht vorher kündigen. Am besten erst gar nicht abschließen.

Vor einer Unterschrift sollten Sie also den Antrag genau durchlesen. Alles, was Sie nicht verstehen, lassen Sie sich erklären – und wenn es zum dritten Mal ist. Es liegt nicht an Ihnen, daß es so lange dauert, sondern an demjenigen, der die Erklärung nicht so zu formulieren weiß, daß sie allgemein verständlich ist. In vielen Fällen mit Absicht.

Nehmen Sie sich die Zeit, und lesen Sie auch die Versicherungsbedingungen durch. Machen Sie sich eine Frageliste, und haken Sie nur die Dinge ab, die Sie auch *wirklich* verstanden haben. Nur die schriftlichen Bedingungen haben Gültigkeit. Alles, was man Ihnen nur sagt, zählt hinterher nicht.

Denken Sie daran, daß es Prämienunterschiede für gleiche Leistung von bis zu 300 Prozent gibt. Die Erklärung hierfür lautet oft: Günstige Anbieter bieten keinen Service. Das ist nur zum Teil richtig. Es gibt Unternehmen, die nur direkt, also per Post und Telefon, abwickeln und keine persönliche Beratung und Schadensabwicklung bieten. Da können alle Frauen Versicherungen abschließen, die bestens informiert sind und keine persönliche Beratung brauchen. Aber auch bei den Versicherungen, die über VertreterInnen, unabhängige VersicherungsvermittlerInnen und MaklerInnen angeboten werden, gibt es erhebliche Beitragsunterschiede. Und teuer heißt noch lange nicht besserer Service. Dazu kommt noch, daß die besonders teuren Versicherungen ihre Kunden und Kundinnen gleich mehrere Jahre an die Verträge binden. Vielleicht stellen auch Sie fest, daß

Ihnen eine Haftpflicht-, Unfall- oder Hausrat-Police mit 10jähriger Laufzeit untergejubelt wurde. Die Verbraucherschützer haben viel dafür getan, daß diese unseriösen Abschlüsse vorzeitig aufgelöst werden können.

Wann sind Versicherungen kündbar?
Fast alle Versicherungen sind langfristig abgeschlossen und viel zu teuer. Günstige Gesellschaften bieten nur Jahresverträge an. Das heißt: Durch Kündigung kann jeder auf Dauer Tausende von Mark sparen. Kündigen kann man zum Vertragsablauf. Wenn dieser noch in weiter Ferne liegt, gibt es die Möglichkeit »außerordentlicher« Kündigungen:

1. Nach einer Schadenregulierung
Wurde ein Schaden reguliert, kann bis zu einem Monat danach jeder Vertrag unter Hinweis auf die Schadennummer gekündigt werden. Der BdV empfiehlt die Kündigung zum Ablauf des Versicherungsjahres, weil sonst Prämien verfallen würden.

2. Altverträge WEST (Abschluß vor 1.1.91)
Wenn im *Antragsformular* die zehnjährige Vertragslaufzeit *vorgedruckt* war, ist eine Kündigung unter Einhaltung der Dreimonatsfrist zum Ablauf des Versicherungsjahres möglich (BGH vom 13.7.1994, AZ IV ZR 107/93, 183/93, 219/93, 220/93, 227/93).

3. Altverträge (Abschluß 1.1.91 bis 23.6.94)
Nach dem alten § 8 Abs. III VVG können Verträge nach drei Jahren nur dann gekündigt werden, wenn beim Abschluß nicht oder nicht deutlich genug Alternativ-Laufzeiten mit entsprechenden Rabatten angeboten

wurden. Ansonsten sind diese Verträge nur im Schadenfall und bei Prämienerhöhungen vorzeitig kündbar.

4. Neuverträge (Abschluß nach 23.6.94)

Nach dem neuen § 8 Abs. III VVG können alle Versicherungen nach Ablauf von fünf Jahren gekündigt werden, auch wenn längere Laufzeiten vereinbart wurden. Ab Juli 1994 sind Neuverträge bei jeder Beitragserhöhung kündbar, die ohne Leistungserweiterung erfolgt.

5. Verträge in den neuen Bundesländern

Die Sonderregelung für neue Bundesbürger, daß alle Versicherungen jährlich kündbar sind, gilt weiterhin für alle Verträge, die bis zum 31.12.92 abgeschlossen wurden. Für *nach* dem 1.1.93 abgeschlossene Verträge gelten gleiche Regeln wie in WEST (s. oben).

Für alle Kündigungen gilt: Die Kündigung muß spätestens drei Monate vor Ablauf bei der Gesellschaft eingegangen sein. Achtung: Versicherungsjahr ist nicht gleich Kalenderjahr, es beginnt und endet in der Regel mit dem Beginndatum aus der Police (z. B. 31.10.). BdV-Empfehlung: Per Einschreiben/Rückschein, damit keine Beweisprobleme auftauchen können.

Quelle: Verbraucherzentrale

Grundsätzlich sollten Sie im sogenannten Sachbereich immer nur Jahresverträge unterschreiben. Was bringen Ihnen 10 Prozent Rabatt für eine lange Vertragsdauer, wenn Sie dann 10 Jahre lang bei einem Versicherer sind, dessen Beiträge 100 Prozent über denen anderer Anbieter liegen?

Bei der Absicherung Ihrer eigenen Person (Krankheit, Pflege, Berufsunfähigkeit und Altersvorsorge) gilt die Warnung vor länger laufenden Verträgen nicht.

Finanzielle Lebensplanung – stellen Sie Ihre Person in den Vordergrund

Die Basis für den Abschluß einer Versicherung bildet die finanzielle Lebensplanung. Um diese durchführen zu können, brauchen Sie zunächst eine Bestandsaufnahme.

1. Welche Versicherungen habe ich?

Checkliste

Die Fragen in dieser Checkliste sollen Ihnen einen Überblick darüber geben, wie Sie im Ernstfall finanziell abgesichert sind.

Zu Ihrer persönlichen Versicherungs-Situation:

1. Private Haftpflichtversicherung

Versicherte Summe:
- o 1 Mio. pauschal
- o 2 Mio. pauschal
- o unbegrenzt
- o andere Kombinationen
- o Personenschäden ......
- o Sachschäden ......

2. Absicherung für den Fall der Krankheit
   - o Ich bin gesetzlich versichert
     - o Pflichtmitglied
     - o Freiwilliges Mitglied
   - o Ich bin privat versichert
     - o Im ambulanten Bereich übernehme ich im Jahr .... DM selbst

- o Wenn ich ins Krankenhaus muß, gilt mein Schutz für
  - o Mehrbettzimmer
  - o Zweibettzimmer
  - o Einbettzimmer
- o Beim Zahnarzt werden 100 % der Behandlungskosten und 80 % der Zahnersatzkosten übernommen.
- o Die Leistungen für mich sehen anders als hier aufgeführt aus, nämlich wie folgt

  ....

o Ich bin gesetzlich versichert, habe eine Zusatzversicherung im
- o ambulanten Bereich
- o Zahnersatz ....
- o im Krankenhaus, und zwar ....
- o auf Reisen

3. Absicherung für den Fall der Pflegebedürftigkeit
   - o Ich habe ein Pflegetagegeld in Höhe von .... DM täglich versichert.
   - o Ich habe eine Pflegekostenversicherung abgeschlossen.

     ...... % der Pflegekosten werden übernommen.

o Ich habe folgendermaßen für den Fall vorgesorgt, daß ich pflegebedürftig werde:

4. Invalidität
   a) Wenn ich durch einen Unfall invalide werde, zahlt die Versicherung (bei Vollinvalidität) .... DM. Außerdem sind noch folgende Leistungen versichert:

      ....

      ....

      ....

b) Wenn ich zu 50 % meinen Beruf durch Unfall oder Krankheit nicht mehr ausüben kann, erhalte ich Geld von:
   - o der BfA/LVA in Höhe von .... DM Rente monatlich
   - o Versorgungswerk
   - o betriebliche Versorgung
   - o Private Absicherung
   - o Ich kenne meine Ansprüche nicht

Die gesetzliche Unfallversicherung, die Berufsgenossenschaft, gilt nur während der Ausübung des Berufs und auf den Wegen zur und von der Arbeitsstätte. 80 % der Unfälle passieren jedoch in der Freizeit.

5. Altersvorsorge

Ich werde mit .... Jahren eine Rente von der ... bekommen in Höhe von .... DM.

- o Mit 60 Jahren o mit 65 Jahren o mit .... Jahren kann ich mit Kapital rechnen
- o Auszahlung Lebensversicherung
- o Geldanlagen
- o Mieteinnahmen, die nach Instandhaltung und laufenden Kosten zur Verfügung stehen

6. Absicherung von Hinterbliebenen
   - o Ich brauche niemanden abzusichern
   - o Wenn ich sterbe, werden .... DM an meine Hinterbliebenen ausgezahlt.

Versicherungen gehören zu unserem Leben, sie müssen aber auch zu unserer *persönlichen* Situation passen.

2. Passen meine Versicherungen zu meiner jetzigen Lebenssituation? Suchen Sie sich die Informationen heraus, die am besten zu Ihrer jetzigen Situation passen (ab S. 48).
3. Welche Versicherungen sind wichtig für mich? Teilen Sie Ihr Versicherungspaket in zwei Hälften.

a) Die Versicherungen, die unmittelbar etwas mit Ihrer Person zu tun haben:
   - Absicherung für den Fall der Krankheit.
   - Finanzielles Polster, falls Sie durch einen Unfall invalide werden.
   - Rente bis zum Altersrentenbeginn für den Fall, daß Sie durch Krankheit oder Unfall berufsunfähig werden.
   - Kapital in ausreichender Höhe, wenn Sie einem anderen Menschen einen Haftpflicht-Schaden zufügen.
   - Lebenslange Rente ab dem 60. oder 65. Lebensjahr – oder ausreichendes Kapital, um ein Leben lang davon leben zu können.
   - Monatliche Einnahmen, wenn Sie ein Pflegefall werden.
   - Kapital im Falle Ihres Todes, wenn jemand von Ihnen versorgt werden muß (z. B. Kinder) oder Schulden vorhanden sind.

b) Die Versicherungen, bei denen es um die Absicherung von Hab und Gut im weitesten Sinne geht:
   - Kfz-Vollkasko- und Teilkaskoversicherung,
   - Hausratversicherung,
   - Gebäudeversicherung,
   - Rechtsschutzversicherung.

Erst wenn Sie sicher sind, daß Sie im persönlichen Bereich gut abgesichert sind, nehmen Sie sich den Bereich der Absicherung von Gegenständen vor.

4. Was wird sich in nächster Zeit in meinem Leben verändern? Listen Sie die Fakten auf, die Ihnen heute schon bekannt sind oder die mit höchster Wahrscheinlichkeit eintreten werden.
5. Wieviel Geld steht mir monatlich maximal für Versicherungen zur Verfügung?

Kostenbeispiel

- Frau, 40 Jahre alt, alleinstehend.
- Freiberuflich tätig seit 5 Jahren, vorher 10 Jahre als Angestellte tätig.
- Sie ist gesetzlich krankenversichert und hat ein Tagegeld ab der 3. Woche mitversichert.
- Sie erfüllte bei Eintritt in die Selbständigkeit die Bedingungen, um sich mit freiwilligen Beiträgen in der gesetzlichen Rentenversicherung den Anspruch auf Berufs- und Erwerbsunfähigkeitsrente erhalten zu können.
- Sie hat mit 30 Jahren eine Lebensversicherung mit Beitragsbefreiung und einer Rente bei Berufsunfähigkeit ab 50 Prozent abgeschlossen. Versicherungssumme 75 000 DM, monatliche Berufsunfähigkeitsrente 1500 DM bis zum 60. Lebensjahr.
- Freiwillige Beiträge zur Berufsgenossenschaft zahlt sie nicht.
- Bei der Unfallversicherung hat sie sich für den Fall der Invalidität versichert. Bei Vollinvalidität kann sie mit einer Invaliditätssumme von 350 000 DM rechnen.
- Sie hat eine Berufshaftpflicht- inkl. einer privaten Haftpflichtversicherung abgeschlossen. Versicherungssumme für Personen- und Sachschäden 2 Millionen DM, Vermögensschäden 30 000 DM.

- Kfz-Haftpflichtversicherung unbegrenzt und Teilkaskoversicherung mit 300 DM Selbstbeteiligung.
- Ihren Hausrat hat sie mit 80 000 DM versichert.
- Die Einrichtung ihres Büros inkl. der elektronischen Anlagen hat sie abgesichert.

Beitragsaufkommen für den aufgeführten Schutz (Monatsbeiträge):

- Krankenversicherungsbeitrag inkl. Tagegeld ab der 3. Woche 580,00 DM Pflichtpflegeversicherung (vom Einkommen abhängig).
- Freiwillige Zahlung an die BfA Mindestbeitrag 1996 113,28 DM für die alten Bundesländer, 96 DM für die neuen.
- Beitrag zur Lebensversicherung und für die Absicherung bei Berufsunfähigkeit 215 DM (jung eingestiegen).
- Unfallversicherung 10,50 DM (100 000 DM Invaliditätssumme mit 350 Prozent Progression).
- Berufs- und Privat-Haftpflicht 26 DM (abhängig vom Beruf).
- Kfz-Haftpflichtversicherung mit Teilkasko (je nach Schadensfreiheitsrabatt, Größe und Standort des Autos) 61 DM.
- Geschäftsinhaltsversicherung mit Elektronikversicherung 30 DM (Versicherungssumme maßgebend).

Für ihre finanzielle Absicherung zahlt sie im Monat 1044 DM.

Welche Versicherungen passen zu Ihrer Lebenssituation?

Egal in welcher Lebenssituation Sie sich gerade befinden, es geht immer nur um eines: Eine Versicherung ist nur dazu da, finanzielle Risiken abzudecken, die Sie nicht selber übernehmen können oder wollen. Es kommt also nicht darauf an, daß Bagatellschäden bezahlt werden. Was ich damit meine, sollen nachfolgende Beispiele verdeutlichen.

Eine Kundin erzählte mir, daß sie einen tollen Versicherungsvertreter hätte. Ihm wäre es gelungen, ihr Surfbrett zu versichern. Je nach Alter des Brettes erhält sie im Schadensfall Ersatz – toll!? In der Praxis könnte es dann so aussehen: Bei einem Unfall geht das Surfbrett kaputt, es wird ersetzt. Leider bleibt aber das Bein steif, und da keine Invaliditätssumme für den Fall des Unfalls abgesichert war, gibt es dort im einzig wichtigen Bereich kein Geld. Invalidität ist teuer. Da geht es nicht um Gegenstände, die wiederbeschafft werden können. Eine Invalidität verändert das ganze Leben – auch finanziell.

Genauso unwichtig wie die Absicherung des Surfbrettes ist das Krankenhaustagegeld im Zusammenhang mit einer Unfallversicherung – wenn überhaupt erforderlich, gehört es in den Krankenversicherungsbereich, denn dort wird gezahlt, egal ob der Krankenhausaufenthalt wegen eines Unfalls oder aufgrund einer Krankheit erforderlich ist. Die Krankheit ist sowieso das größere Risiko. Was hilft es Ihnen, wenn Sie bei einem Krankenhausaufenthalt im Zusammenhang mit einem Unfall ein paar hundert Mark erhalten, aber keine ausreichende Summe für die Finanzierung der Folgen einer Invalidität? Besser: Alles Geld, das Sie für diese Versicherung ausgeben können, nur für den Bereich anlegen, um den es bei einer Unfallversicherung wirklich geht – die Absicherung für den Fall der Invalidität. Das trifft für viele andere Versicherungen auch zu – die sogenannten Zusatzversicherungen sind häufig unnütze Geldausgaben.

Um Ihnen die Zusammenstellung und die Prüfung Ihrer Versicherungen zu erleichtern, habe ich versucht, anhand der häufigsten Lebenssituationen, in denen sich Frauen befinden können, für Sie eine Übersicht zu schaffen. Mir ist bewußt, daß auch noch andere Lebenssituationen in Frage kommen, die Übersicht also unvollständig ist. Trotzdem gehe ich davon aus, daß Sie sich in einem der Komplexe wiederfinden können und zusammen mit dem Wissen, über das Sie bereits verfügen oder das Sie sich mit Hilfe dieses Buches bisher angeeignet haben, Zugang zum Thema Versicherungen finden können. Sie haben also – wie so oft im Leben – mehrere Möglichkeiten:

1. Anhand der Checkliste von Seite 42–44 können Sie Ihre jetzige Versicherungssituation aufnehmen.
2. Sie können nachlesen, welche Versicherungen in Ihrer Lebenssituation wichtig sind.
3. Sie können sich im Teil »Was Sie schon immer über Versicherungen wissen wollten« über die einzelnen Versicherungsarten informieren.

Alles zusammen macht Sie fit für den Umgang mit Versicherungen.

Da jede Leserin vermutlich nur den Teil lesen wird, der sie selber betrifft, habe ich die grundsätzlichen Dinge bei der Beschreibung der einzelnen Lebenssituationen wiederholt.

Alleinlebend, ohne Kind

10 Millionen Frauen in Deutschland sind alleinstehend, jede dritte Frau also. Trotzdem gilt immer noch: »Ist der Mann versichert, ist die Frau versorgt!« Das ist nicht mehr zeitgemäß und trifft nicht einmal auf die Frauen zu, die verheiratet sind, schon gar nicht auf die, die es nicht sind.

Hier soll jetzt in der Reihenfolge der Wichtigkeit aufgezeigt werden, welche Versicherungen die alleinlebende Frau ohne Kinder wirklich braucht.

Zunächst – das gilt für alle Lebensformen – sollte die eigene Person in den Vordergrund gestellt werden. Darauf habe ich auch schon in anderen Kapiteln hingewiesen.

Krankenversicherung

Für alle Frauen, die angestellt sind und weniger als 72 000 DM in den alten bzw. 61 200 DM in den neuen Bundesländern brutto im Jahr verdienen (1996), stellt sich die Frage nach privater oder gesetzlicher Krankenversicherung gar nicht. Sie sind in jedem Fall in der gesetzlichen Krankenversicherung versichert. Je nach Beruf konnten sie zwischen der AOK (Allgemeinen Ortskrankenkasse) und den Ersatzkassen, zum Beispiel DAK (Deutsche Angestellten-Krankenkasse), BEK (Barmer Ersatzkasse), TKK (Techniker-Krankenkasse), wählen. In einigen Fällen haben sie aber auch die Möglichkeit einer Mitgliedschaft in einer Betriebskrankenkasse. Seit 1996 gibt es die freie Wahl der gesetzlichen Krankenversicherung.

Wenn Sie die Bemessungsgrenze in einem Jahr überschritten haben und auch im nächsten Jahr darüber liegen werden, werden Sie automatisch als »freiwilliges Mitglied« bei Ihrer Krankenkasse geführt. Sie können wählen, ob Sie sich privat oder gesetzlich versichern möchten. Der Übergang von der gesetzlichen zur privaten Krankenversicherung ist in den meisten Fällen ein endgültiger und muß gut überlegt werden. Grundsätzlich gilt, sind Sie gesund, jung und rechnen Sie damit, berufstätig zu bleiben und zu den besserverdienenden Frauen zu gehören, so kann ein Wechsel zur privaten Krankenversicherung sinnvoll sein.

Wichtig: Egal ob Sie gesetzlich oder privat versichert sind, behalten Sie die Absicherung für den Fall einer längeren Krankheit im Auge. Sie sollten immer wissen, wie hoch Ihr momentanes Krankentagegeld ist. Als Angestellte zahlt Ihr Arbeitgeber 6 Wochen Ihr Gehalt weiter (manche Arbeitgeber und der öffentliche Dienst zahlen das Gehalt länger), und als Selbständige zahlt die Versicherung ab dem Tag, den Sie vereinbart haben. Je später der Beginn, desto niedriger die monatlichen Beiträge. Das höchstmögliche Tagegeld in der gesetzlichen Krankenversicherung beträgt 80 Prozent des Bruttoeinkommens, maximal aber 160 DM in den alten bzw. 136 DM in den neuen Bundesländern (1996) pro Tag. In der privaten Krankenversicherung ist die Absicherung bis zur Höhe des Nettoeinkommens möglich.

Für gesetzlich Krankenversicherte ist eine private Reisekrankenversicherung, die das ganze Jahr gilt, sehr zu empfehlen. Es geht hier nicht nur um den Versicherungsschutz außerhalb Europas, sondern auch um den Rücktransport aus dem Ausland grundsätzlich, wenn dort eine Behandlung nur eingeschränkt oder gar nicht möglich ist.

Aber auch für Reisen innerhalb Europas lohnt sich dieser Schutz, zum einen wegen des Rücktransports, zum anderen, weil die ganze Abwicklung mit dem Auslandskrankenschein sehr mühsam ist. Viele Ärzte akzeptieren ihn nicht und wollen Bargeld.

Vorteile bietet eine Krankenhaus-Zusatzversicherung für diejenigen, die großen Wert darauf legen, im Krankenhaus als Privatpatientin behandelt und im Ein- oder Zweibettzimmer untergebracht zu werden. Das ist kein Luxus, sondern kann im Einzelfall wichtig für den Gesundungsprozeß sein. Mit der Zusatzversicherung haben Sie auch die freie Wahl des Krankenhauses und des behandelnden Arztes. Sie können also zum Spezialisten Ihrer Wahl gehen. Nicht jeder kann es ertragen, mit fremden Menschen in einem Zimmer zu liegen. Das Problem ist aber nicht so groß, seit es in vielen Krankenhäusern ohnehin nur noch Zwei- oder max. Dreibettzimmer gibt.

Zahnzusatzversicherungen

Seit der Gesundheitsreform wird Zahnersatz für gesetzlich Versicherte teurer. 50 Prozent der Kosten für Zahnersatz und damit in Zusammenhang stehende zahnärztliche Leistungen werden von der Kasse übernommen. Eine höhere Leistung (60 Prozent) erhalten nur diejenigen, die nachweisen können, daß sie regelmäßig Vorsorge betrieben haben (Bonusheft). Auch wird nur für sogenannten einfachen Zahnersatz geleistet. Die Lücke können Sie mit einer Zahnzusatzversicherung schließen. Viele dieser Zahnzusatzversicherungen ermöglichen Ihnen, in keinem Fall mehr als 20 Prozent Eigenanteil zu behalten, daß heißt, max. 80 Prozent der Zahnersatzkosten werden übernommen. Es hat wenig Sinn, den Versuch zu starten, einen solchen Zusatzschutz zu erhalten, wenn der Zahnarzt bereits darauf hingewiesen hat, daß eine Zahnsanierung erforderlich ist. Bei Abschluß müssen die Zähne in Ordnung sein. Also eine Versicherung, die erst in der Zukunft greifen wird. Am besten, Sie lassen sich vor Abschluß einer solchen Zahnzusatzversicherung von Ihrem Zahnarzt einen Zahnstatus erstellen. So kann es im Leistungsfall keine Mißverständnisse geben.

Pflegekostenversicherung

Frauen legen länger – das heißt aber noch lange nicht: bis ans Ende ihres Lebens gesund und finanziell abgesichert. Werden sie ein Pflegefall, bedeutet das in vielen Fällen den Beginn eines Sozialfalles.

Der größte Teil der Bevölkerung (ca. 80 Prozent) wird im Pflegefall zu Hause von Verwandten und Bekannten gepflegt. Da sich unsere Familienstrukturen aber sehr verändern, Kleinstfamilien, Single-Haushalte, berufstätige Frauen etc., funktioniert das alte System nicht mehr.

Egal ob die Pflege im Heim oder zu Hause durchgeführt wird, eine Fachkraft ist erforderlich, und das ist aus meiner Sicht auch gut so. Die Pflege eines Schwerstpflegebedürftigen überfordert Laien und ruiniert nicht selten die Gesundheit der Pflegenden. Pflege kostet Geld. Für einen Pflegeplatz sind heute Summen von 5 000 DM monatlich und mehr keine Seltenheit. Bereits heute haben wir geschätzt 1,65 Millionen Pflegefälle in Deutschland. Die Tendenz ist leider steigend. Das sogenannte Blüm-Modell sieht so aus: Alle Menschen, die in Deutschland krankenversichert sind, müssen sich seit dem 1.1.95 auch für den Pflegefall versichern. Statt der zunächst geplanten »Volksversicherung« für alle in einer gesetzlichen Versicherung gilt jetzt das Prinzip: »Pflegeversicherung folgt Krankenversicherung«. Gesetzlich Versicherte versichern sich gesetzlich gegen das Pflegerisiko, privat Versicherte tun das privat. Nur die freiwillig gesetzlich Versicherten hatten eine Wahlmöglichkeit, denn sie konnten sich ebenfalls für die private Pflegeversicherung entscheiden. Die Leistungen beider Systeme unterscheiden sich nicht, allenfalls wird es einige Unterschiede hinsichtlich Auslegung und Bürokratie geben.

Wie sieht die Pflicht-Pflegeversicherung aus?

a) häusliche Pflege (seit 1.4.95)

	Pflegesachleistungen	Pflegegeld
– Erheblich Pflegebedürftige (Stufe I)	750 DM	400 DM
– Schwerpflegebedürftige (Stufe II)	1 800 DM	800 DM
– Schwerstpflegebedürftige (Stufe III)	2 800 DM	1 300 DM

b) stationäre Pflege (seit 1.7.96)

- Für pflegebedingte Aufwendungen werden maximal 2800 DM gezahlt. Unterkunft und Verpflegung sind ausgeschlossen.
- Die Kosten für Unterkunft und Verpflegung trägt die Pflegebedürftige selbst.
- Die Leistungen der privaten Pflegeversicherungen werden zur Zeit den verbesserten Leistungen der sozialen Pflegeversicherung angepaßt.

Die Gelder werden nicht ausreichen, sondern wie bei allen gesetzlichen Absicherungen, die existieren, nur eine Basis bilden. Es bleibt also nur die Ergänzung durch eine private Pflegeversicherung. Je früher diese abgeschlossen wird, desto niedriger sind die Beiträge. Es gibt da mehrere Modelle, die im Abschnitt »Pflegeversicherungen« erklärt werden. Der Abschluß ist nur möglich, wenn keine ernsthaften Erkrankungen vorliegen.

Kfz-Versicherungen

Alle Verkehrsteilnehmer brauchen eine Kfz-Haftpflichtversicherung, bevor sie mit dem Auto die Straßen befahren. Das ist gut so. Gerade im Straßenverkehr wird viel Schaden angerichtet. Da geht es nicht nur darum, daß Sie für jeden Schaden haften, den Sie im Zusammenhang mit dem Gebrauch des Autos verursachen; auch für den Geschädigten wäre es katastrophal, wenn kein Geld zur Verfügung stehen würde. Schwerverletzte, die eventuell ihren Beruf nicht mehr ausüben können, oder Hinterbliebene würden leer ausgehen. Davon abgesehen, daß die Wiederbeschaffung eines Autos für den Geschädigten ein Problem wäre. Die Kfz-Haftpflichtversicherung ist also mit Recht eine Pflichtversicherung, und Sie sollten den höchstmöglichen Schutz wählen – unbegrenzt. Bei der Teilkaskoversicherung geht es nicht um Schäden, die Sie anrichten, sondern um Schäden, die Ihr Auto betreffen, zum Beispiel Glasbruch, Diebstahl etc. Diese Versicherung ist ziemlich preiswert zu haben, Sie sollten aber eine Selbstbeteiligung von 300 DM pro Schaden wählen, sonst ist der Beitrag unverhältnismäßig hoch.

Bei der Vollkaskoversicherung geht es nur um das Blech Ihres Autos. Anscheinend wird dem aber mehr Beachtung geschenkt als der eigenen Person. Vernünftigerweise sollten nur neue Autos (bis zu 2 Jahre alt) dort versichert sein. Außerdem sollte auch ein hoher Selbstbehalt vereinbart werden. Es geht ja nur um den großen Schaden. Viele schaffen allerdings den Ausstieg schwer – immer nach dem Motto: »Wenn ich morgen einen Totalschaden habe, fehlt mir das Geld für ein Auto.« Ich gehöre auch dazu, und es fällt mir immer wieder schwer, meine Vollkaskoversicherung aufzugeben. Vier Jahre habe ich mir selbst als Limit gesetzt. Wenn Sie ein Auto kaufen, das schon einige Jahre alt ist, können Sie von Anfang an auf die Vollkaskoversicherung verzichten.

Gern verkaufen die Versicherungen im Zusammenhang mit der Kfz-Versicherung eine Insassenunfallversicherung. Diese gehört zu den unwichtigsten Versicherungen überhaupt. Autoinsassen, denen durch Ihr Verschulden etwas passiert, sind durch Ihre Kfz-Haftpflicht versichert. Wird den Insassen durch das Verschulden eines anderen Verkehrsteilnehmers ein Leid zugefügt, so haftet dieser.

Die Kfz-Versicherung als Pflichtversicherung für AutofahrerInnen wird von vielen Unternehmen als »Türöffner« benutzt, um hinterher allerlei Versicherungen verkaufen zu können. Die Unternehmen locken mit Billigangeboten für verschiedene Kundengruppen. Da gibt es Tarife für Frauen, GaragenbesitzerInnen, WenigfahrerInnen, KleinwagenbesitzerInnen. Diese Angebote sind z. T. mit Vorsicht zu genießen, denn werden die Vorgaben nicht eingehalten, führt das in einigen Fällen zu finanziellen Einbußen bei der Schadensregulierung. So leisten einige Anbieter nicht voll, wenn ein Mann das Auto gefahren hat und ein Frauentarif abgeschlossen wurde. Es ist also erforderlich, vor Abschluß die Bedingungen ganz genau durchzulesen.

Private Haftpflichtversicherung

Eine Versicherung, die sinnvollerweise eine Pflichtversicherung sein sollte. Es passiert so schnell etwas. Eine Sekunde der Unachtsamkeit kann zum finanziellen Ruin führen: Sie fügen einer anderen Person einen Schaden zu, übersehen als Radfahrerin zum Beispiel einen Fußgänger. Es geht hier wirklich nicht um den Ersatz der Vase bei der Nachbarin, dieser Schaden würde Ihr Leben nicht verändern. Es geht um viel mehr. Denn Schäden können leicht die Millionengrenze überschreiten. Da muß nicht gleich an einen Großbrand gedacht werden. Für mich ist meine private Haftpflichtversicherung (und als Geschäftsfrau meine berufliche Haftpflicht auch) eine Art »Rechtsschutzversicherung«, die mich vor Forderungen anderer schützt, denn notfalls geht das Versicherungsunternehmen vor Gericht, um ungerechtfertigte Ansprüche abzuwehren. Sind die Ansprüche gerechtfertigt und versichert, so zahlt die Versicherung auch. Nicht versichert sind Schäden an geliehenen, geleasten, gepachteten und gemieteten Sachen. Diese werden versicherungstechnisch so behandelt, als ob es Ihre eigenen wären.

Schwierigkeiten gibt es in jedem Fall, wenn Sie, bevor die Versicherung sich mit dem Fall beschäftigen konnte, die Zusage geben, daß bezahlt wird. Sagen Sie also nicht: »Das bezahlt meine Versicherung«, sondern: »Das übergebe ich meiner Versicherung.« Auf Unverständnis stößt die Regelung, daß die Versicherung nicht bezahlen will, wenn es sich um ehrenamtliche Tätigkeiten handelt. Ein Beispiel: Ihre Freundin zieht um und streicht die Wohnung selbst. Sie helfen ihr kostenlos. Dabei fällt Ihnen der Farbeimer um.

Ihre Freundin will jetzt den Schaden von Ihnen ersetzt haben. Ihre Haftpflichtversicherung geht davon aus, daß, wenn Sie kostenlos für jemanden arbeiten, dort kein Anspruch an Sie gestellt wird, denn schließlich übernehmen Sie die Arbeit nicht gegen Bezahlung und sind nicht beruflich dort tätig. Wären Sie Malermeisterin, würden Sie den Schaden Ihrer Betriebshaftpflichtversicherung melden.

Anders sieht es aus, wenn Sie den Hund Ihrer Nachbarin aus Gefälligkeit spazierenführen. Die Hundehalter-Haftpflichtversicherung (unbedingt erforderlich) zahlt dann für Schäden, die der Hund anrichtet.

Wenn Sie selbständig sind, sollten Sie überlegen, ob Sie in Ausübung Ihres Berufes einer Person oder einer Sache einen Schaden zufügen könnten. Wenn ja, so ist eine Berufs(Betriebs-)Haftpflichtversicherung erforderlich. Auch hier gilt, daß geliehene, geleaste und gemietete Sachen nicht automatisch mitversichert sind. Eine Absicherung ist aber möglich.

Unfallversicherung

Sind Sie in einem Arbeitsverhältnis tätig, als Angestellte oder Arbeiterin, so sind Sie über Ihren Arbeitgeber bei der Berufsgenossenschaft versichert. Ihr Arbeitgeber oder Ihre Arbeitgeberin zahlt die Beiträge für diese gesetzliche Unfallversicherung allein. Haben Sie keine(n) ArbeitgeberIn, so können Sie sich freiwillig bei der Berufsgenossenschaft melden und sich dort versichern. Der Schutz ist umfangreich und zu empfehlen, leider aber nicht ausreichend, da er nur Berufsunfälle abdeckt. 80 Prozent aller Unfälle passieren aber in der Freizeit. Eine private Unfallversicherung ist also empfehlenswert. Sie sollten aber auf alles Beiwerk wie Todesfallabsicherung, Krankenhaustagegeld und Genesungsgeld, kosmetische Operationen und Übergangsentschädigung etc. verzichten. Wichtig ist die Absicherung für den Fall der Invalidität, denn dann wird viel Kapital benötigt. Da geht es um Beträge von bis zu einer halben Million Mark und mehr. Denn dieses Kapital muß ja bis zum Ende Ihres Lebens reichen und Ihnen ein Leben als Invalide ermöglichen. So grausam es klingt – invalide zu sein ist ein schweres Los und ohne Geld kaum zu bewältigen.

Die Beiträge bei den Unfallversicherungen werden je nachdem, ob Sie einen kaufmännischen oder handwerklichen Beruf ausüben, nach der Gefahrengruppe A oder B aufgeteilt. Viele Versicherungsunternehmen versichern alle Frauen in der Gruppe A.

Schließen Sie keine Versicherungen mit Beitragsrückgewähr ab. Sie zahlen einen normalen Risikobeitrag wie bei anderen Unfallversicherungen auch und noch einen zusätzlichen Beitrag, den Sie – wenn kein Schadensfall eintritt – zurückerhalten. Das ist kein gutes Geschäft. Unfallversicherungen sind keine Kapitalanlagen – da gibt es anderswo mehr Zinsen. Bei der Unfallversicherung gibt es keine Doppelversicherung. Alle abgeschlossenen Unfallversicherungen zahlen im Schadensfall, ohne daß eine Verrechnung stattfindet.

Berufsunfähigkeitsrente/Erwerbsunfähigkeitsrente

Bei einer Befragung 1989 gaben 89 Prozent der Frauen an, daß sie mit ihrem Einkommen ihren Lebensunterhalt bestreiten müssen. Also mit anderen Worten: Fällt dieses Einkommen weg, ist kein Geld für den Lebensunterhalt vorhanden, geschweige denn Geld, um fürs Alter vorzusorgen. Die Arbeitskraft ist für die meisten Frauen das wichtigste Kapital. Wie würde es bei Ihnen aussehen, wenn Sie berufsunfähig wären bzw. erwerbsunfähig? Die gesetzliche Rentenversicherung macht da einen Unterschied. Erwerbsunfähig sind alle, die in keiner Weise mehr einen Beruf ausüben können. Als berufsunfähig gelten Sie, wenn Sie infolge von Krankheit oder anderer Gebrechen Ihren momentanen Beruf oder einen anderen Beruf, der Ihren Fähigkeiten und Ihrer Ausbildung entspricht, zu weniger als 50 Prozent ausüben können.

Prüfen Sie in jedem Fall, was Sie von der gesetzlichen Rentenversicherung bekämen, wenn Sie heute berufsunfähig würden. Diese Leistung enthält eine wirklich soziale Komponente, denn würden Sie heute berufs- oder erwerbsunfähig, dann berechnete sich die Rente so, als ob Sie schon bis zum 55. Lebensjahr gearbeitet hätten, darüber hinaus noch ein Drittel bis zum 60. Lebensjahr. Sie müssen allerdings einen Anspruch auf diese Leistung haben. Den haben Sie, wenn Sie bereits 5 Jahre lang Pflichtbeiträge eingezahlt haben. Viele Frauen verlieren allerdings ihren Anspruch, weil sie Lücken in ihrem Rentenverlauf haben. Wie sieht es bei Ihnen aus? Auskunft geben unabhängige RentenberaterInnen oder die BfA/LVA. Sind Sie Angestellte und haben 5 Jahre eingezahlt, haben Sie einen Anspruch. Dieser Anspruch bleibt Ihnen erhalten, solange Sie angestellt sind. Wenn Sie sich aber entschließen, sich selbständig zu machen, besteht die Möglichkeit, daß Sie nach zwei Jahren den Anspruch verlieren.

Mit freiwilligen Beiträgen können Sie sich den Schutz erhalten, wenn Sie folgende Bedingungen erfüllen:

Sie haben bis Ende 1983 fünf Jahre Beiträge eingezahlt und haben seit dem 1.1.1984 keine Lücke in Ihrem Rentenverlauf, das heißt, jeder Monat wurde mit einem Beitrag belegt – da reicht es, wenn nur der Mindestbeitrag eingezahlt wurde. Auch Zeiten der Arbeitslosigkeit lassen in den meisten Fällen keine Lücke entstehen. Sie kön-

nen selber prüfen, wie es bei Ihnen aussieht. Fordern Sie einen Rentenverlauf an, wenn Sie bereits Anspruch (5 Jahre eingezahlt) haben. Sie können dann sehen, ob Lücken vorhanden sind. Wenn Sie jetzt also wissen, was Sie von der gesetzlichen Rentenversicherung im Falle der Berufsunfähigkeit zu erwarten haben, sollten Sie sich ganz realistisch fragen, ob Sie davon leben könnten (auch in der Annahme, daß Sie bei Berufsunfähigkeit noch etwas dazuverdienen könnten). Die Lücke können Sie nur mit einer privaten Berufsunfähigkeitsrente schließen. Sie ist nicht so leicht zu bekommen, denn alles, was bereits in Behandlung und nicht ausgeheilt ist, wird beim Schutz ausgeschlossen oder mit einem Risikobeitrag versehen. Auch spielt das Eintrittsalter eine große Rolle – der Beitrag ist verhältnismäßig günstig bei jungen Frauen.

Schwierigkeiten machen die Versicherungen, wenn eine Psychotherapie durchgeführt wurde. Das ist aus meiner Sicht einfach kurzsichtig, denn ohne Psychotherapie wären vielleicht organische Krankheiten aufgetreten. Ich sehe die Psychotherapie als eine Vorsorgemaßnahme. Wenn bei uns mehr Männer ebenfalls zur Psychotherapie gingen und das Ganze mit mehr Selbstverständlichkeit gehandhabt würde, hätten Frauen heute nicht so große Probleme, eine private Berufsunfähigkeitsrente nach einer Psychotherapie abzuschließen.

Mittlerweile gibt es Versicherungsunternehmen, die ihre Leistungen erweitert haben und die Berufsunfähigkeitsrente auch bei nachgewiesener Pflegebedürftigkeit zahlen.

Altersvorsorge

Was können Sie von der gesetzlichen Rentenversicherung erwarten? Es ist für Ihre weitere Planung wichtig, wie hoch Ihr Anspruch bei der gesetzlichen Rentenversicherung jetzt ist und mit welcher Leistung Sie im Alter rechnen können. Auf Seite 15–17 finden Sie Tabellen, die Ihnen einen kleinen Überblick geben. Sie werden aber sofort feststellen, daß es nicht möglich ist, allein von der gesetzlichen Rente zu leben. Die Rentnerin, die Politiker immer meinen, wenn sie behaupten: »Eins ist sicher – die Rente«, gibt es in Wirklichkeit so gut wie überhaupt nicht. Nur 1 Prozent der Rentnerinnen verfügt über eine gesetzliche Rente von 2500 DM und mehr im Monat. 75 Prozent der Frauenrenten liegen unter 1000 DM monatlich. Noch ein Hinweis: Ich spreche hier immer von der gesetzlichen Rentenversicherung. Vielleicht sind Sie aber nicht versicherungspflichtig, weil Sie selbständig sind. Vielleicht spielen Sie gerade mit dem Gedanken, sich selbständig zu machen, oder haben schon konkrete Pläne. Bevor Sie Ihren gesetzlichen Schutz aufgeben, sprechen Sie unbedingt mit der BfA/LVA oder einem/r RentenberaterIn, welche Folgen das für Sie hat. Denken Sie bitte daran, daß Sie nur bis zum 31.3. des laufenden Jahres für das zurückliegende Jahr freiwillige Beiträge einzahlen können, um sich zum Beispiel den Anspruch auf eine Berufsunfähigkeits- oder Erwerbsunfähigkeitsrente zu erhalten. Dort erfahren Sie auch, ob Sie die Bedingungen erfüllen, um sich mit freiwilligen Beiträgen den Anspruch auf eine Absicherung im Falle der Berufs- oder Erwerbsunfähigkeit erhalten zu können.

Vielleicht ist aber auch die gesetzliche Rentenversicherung für Sie gar kein Thema, weil Sie zu einem Versorgungswerk gehören, zum Beispiel als selbständige Architektin, Ärztin, Rechtsanwältin; es gibt sehr viele Versorgungswerke und natürlich auch noch die Beamtinnenversorgung. Die Beschreibung würde den Rahmen dieses Buches sprengen. Deshalb beschränke ich mich hier nur auf die gesetzliche Rentenversicherung der BfA/LVA. Das Versorgungswerk für KünstlerInnen – die KSK – ist der gleiche »Topf« wie die BfA. Wenn Sie also zu einem Versorgungswerk gehören, sollten Sie sich dort kundig machen.

Haben Sie eine Betriebsrente zu erwarten? Falls ja, wie hoch ist diese mit 60 oder 65 Jahren? Wann wird sie unverfallbar, das heißt, wann könnten Sie auch damit rechnen, wenn Sie das Unternehmen vor Rentenbeginn verlassen? In den meisten Fällen sind die Betriebsrenten nach 10 Jahren unverfallbar. Als Ergänzung der gesetzlichen Rentenversicherung eignet sich die Altersvorsorge mit einer Lebensversicherung. Allen Kritikern zum Trotz gibt es keine sichere und steuerbegünstigte Möglichkeit, für das Alter vorzusorgen, außer dem Abschluß einer Lebensversicherung.

Drei Arten von Lebensversicherungen mit zahllosen Varianten kommen für Sie in Frage:

1. die Kapital-Lebensversicherung auf den Todes- und Erlebensfalls,
2. die private Rentenversicherung,
3. die fondsgebundene Lebensversicherung.

Nur eine Lebensversicherung bietet die Möglichkeit, eine Vorsorge zu treffen, die auch noch bei Berufsunfähigkeit erhalten bleibt. Ein Einschluß einer Beitragsbefreiung bei Berufsunfähigkeit ist möglich.

Die Kapital-Lebensversicherung auf den Todes- und Erlebensfall ist nur für junge Frauen zu empfehlen. Wenn Sie über 40 Jahre alt sind, sollten Sie sich in jedem Fall für eine private Rentenversicherung entscheiden, denn je älter Sie werden, desto uninteressanter wird die klassische Kapital-Lebensversicherung, denn dort steht die Absicherung für den Todesfall im Vordergrund. Bereits ab der ersten Zahlung eines Beitrags würde im Todesfall die Versicherungssumme an Ihre Hinterbliebenen ausgezahlt werden. Wichtig ist aus meiner Sicht in Ihrem Fall aber, daß *Sie* im Alter Geld für *Ihr* Leben zur Verfügung haben.

Die private Rentenversicherung gibt Ihnen schon heute die Zusage einer lebenslangen Rentenzahlung. Im Todesfall wird nur das eingezahlte Kapital an die Hinterbliebenen ausgezahlt. Es kann auch vereinbart werden, daß keine Zahlung im Todesfall erfolgt oder daß nicht nur das eingezahlte Kapital ausgezahlt wird, sondern auch noch die bis dahin angefallenen Überschüsse. Grundsätzlich gilt: Je weniger Sie an andere denken, desto besser wird es um Ihre Rente bestellt sein. Vielen Frauen bleibt da gar keine Wahl, weil die Rentenaussichten so schlecht sind und nur wenig Kapital für die private Vorsorge aufgebracht werden kann. Auch bei der Rentenversicherung ist der Einschluß einer Beitragsbefreiung bei Berufsunfähigkeit möglich.

Nur wenn Sie bereits eine sichere Basis für Ihr Alter geschaffen haben, sollten Sie sich mit dem Thema fondsgebundene Lebensversicherung befassen. Dort gibt es keine garantierten Leistungen, dafür aber die Chance, höhere Gewinne zu erzielen. Sie können aber auch Verluste machen. Sie haben keine feste Laufzeit, das heißt, Sie kommen jederzeit an Ihr Geld. Sinnvoll ist das allerdings überhaupt nicht, denn das Kapital soll ja im Alter zur Verfügung stehen. Warten Sie mindestens 12 Jahre mit dem Verkauf Ihrer Fonds-Anteile, so sind die Gewinne wie bei der klassischen Lebensversicherung und der Kapitalauszahlung bei der Rentenversicherung steuerfrei. Für die Steuerfreiheit ist es aber außerdem wichtig, daß Sie die Beiträge nicht auf einen Schlag eingezahlt haben, sondern laufend, das gilt für alle Lebensversicherungen (5 Jahresbeiträge genügen). Als klassische Altersvorsorge wird die fondsgebundene Lebensversicherung, wie sie in anderen Ländern an der Tagesordnung ist (ähnlich den englischen Lebensversicherungen), nicht anerkannt, sie kann also nicht bei den Sonderausgaben geltend gemacht werden. Bei allen Lebensversicherungen ist der Einschluß einer Dynamik möglich. Das Argument der Versicherungen lautet: Der Kaufkraftverlust wird damit aufgefangen. »Dynamik« heißt bei der Lebensversicherung aber nichts anderes, als daß jedes Jahr ein kleiner Neuvertrag abgeschlossen wird – mit neuem Eintrittsalter und neuen Abschlußkosten. Über Ihr 40. Lebensjahr hinaus ist diese Vorgehensweise bei der Lebensversicherung mit Todesfallschutz besonders schlecht, denn dann zahlen Sie für jeden Kleinstabschluß immer höhere Beiträge und machen sich Ihre Rendite kaputt. Der einzige Vorteil der Dynamik ist, daß keine Gesundheitsprüfung erfolgt. Diese ist jedoch nur erforderlich, wenn es um eine Todesfallabsicherung geht. Die private Rentenversicherung kennt keine Gesundheitsprüfung. Wenn es also in der Lebensversicherung sowieso keine kostenfreie Erhöhung gibt, so sind Sie auch ganz frei in Ihrer Entscheidung. Möchten Sie Ihre Altersvorsorge mit einer Lebensversicherung aufstocken, dann sollten Sie sich nicht an die Vorschläge der Versicherungen halten, sondern überlegen:

1. Was möchte ich monatlich anlegen?
2. Was brauche ich im Alter? (heutiger Stand ganz grob gerechnet – für 130 000 DM könnten Sie ab dem 65. Lebensjahr lebenslang ca. 1 000 DM gleichbleibende private Rente monatlich bekommen oder ca. 700 DM Rente, jährlich steigend.)
3. Bei welchem Anbieter kann ich den günstigsten Schutz erhalten?

Für viele Angestellten ist die einzige legale Möglichkeit, mit Versicherungen schon während der Laufzeit Steuern sparen zu können, die Direktversicherung, da die Sonderausgaben bereits ausgeschöpft sind. Ohne Direktversicherung zahlen Sie Ihre Lebensversicherungsbeiträge von Ihrem bereits versteuerten Einkommen – von Ihrem Nettogehalt. Sie haben aber auch die Möglichkeit, wenn Ihr(e) ArbeitgeberIn mitmacht, den Betrag (z. Zt. max. 284 DM im Monat oder 3408 DM im Jahr) bereits von Ihrem Bruttogehalt abziehen zu lassen. So sparen Sie die Differenz zwischen der Pauschalsteuer (20 Prozent plus 7 Prozent Kirchensteuer [z. B. in Bayern] und Solidaritätszuschlag) und Ihrem Spitzensteuersatz. Es gibt dort noch einige Vorteile für Sie. Wenn also dieses Modell für Sie in Frage kommt, sollten Sie sich über dieses Thema informieren.

Hausratversicherung

Ob Sie Ihren Hausrat gegen Schäden durch Einbruch/Diebstahl, Leitungswasser, Feuer, Sturm/Hagel versichern, ist ganz allein Ihre Entscheidung, und im Schadensfall sind auch nur Sie betroffen. So lautet also die Frage: Könnte ich auch verschmerzen, daß mein Hausrat nicht mehr oder nur noch reduziert vorhanden ist? Wenn nicht, sollten Sie sich in jedem Fall eingehend mit dem Thema befassen. Machen Sie eine Aufstellung, was Ihr Hausrat wirklich wert ist. Stellen Sie sich die Frage: Was müßte ich heute ausgeben, wenn ich die Dinge neu beschaffen müßte? Wenn Ihr Hausrat abgesichert werden soll, dann auch perfekt, das heißt, Sie sollten weder unter- noch überversichert sein. Seit 1984 gibt es neue Bedingungen, einfaches Glas (z. B. in Schranktüren) und Fahrräder sind nicht mehr beitragsfrei mitversichert. Dafür besteht aber ein viel wichtigerer Schutz, und zwar zahlt die Versicherung auch bei Vandalismusschäden. Das ist wichtig, denn wird bei einem Einbruch nichts gefunden, was zu stehlen sich lohnt, zerstören die Täter häufig den Hausrat. In der Vergangenheit gab es sehr häufig im Schadensfall Ärger wegen Unterversicherung. Diesen Ärger können Sie sich ersparen, wenn Sie pro Quadratmeter Wohnfläche 1200 DM (bei wenigen Anbietern 1000 DM) Versicherungssumme wählen. Natürlich nur, wenn die Summe auch ungefähr dem Wert Ihres Hausrates entspricht. Im Schadensfall prüft der Versicherer dann nicht, ob Unterversicherung vorliegt.

Glas muß extra versichert werden. Ob das sinnvoll ist, entscheiden Sie selbst. Ich halte wenig von Glasversicherungen. Aus meiner Sicht lieber einmal eine Scheibe selbst bezahlen als ständig einen Beitrag an die Versicherung. Fragen Sie sich, wie oft Sie in den vergangenen Jahren einen Glasschaden hatten, wie teuer die Reparatur war und ob Sie die nicht selbst hätten bezahlen können. Wenn Sie Zweifel haben, fragen Sie einen Glaser, wie teuer Ihre größte Fensterscheibe ist. Dann überlegen Sie, wie groß das Risiko eines Bruchs ist. Ob Sie Ihr Fahrrad versichern, hängt davon ab, ob Sie bereit sind, kleinere Summen auch selber zu übernehmen, oder ob Sie immer eine Versicherung brauchen, die Ihren Schaden wiedergutmacht. Natürlich kommt es auch darauf an, wie groß das Risiko ist, daß Ihr Fahrrad gestohlen wird, und wie wertvoll es ist.

Es ist wichtig, daß Sie sich die Rahmennummer und das Fabrikat notieren. Noch besser ist es, wenn Sie sich vom Händler einen Fahrradpaß geben lassen. Der Diebstahl muß der Polizei gemeldet werden, und diese braucht auch die Daten, damit Sie Ihr Fahrrad zurückerhalten, wenn es gefunden werden sollte.

Rechtsschutzversicherung

Für viele die Lieblingsversicherung. Aus meiner Sicht gibt es zwei Versicherungszweige in der Rechtsschutzversicherung, die sinnvoll sind und von großem Nutzen sein können: die Verkehrsrechtsschutzversicherung und, wenn Sie in einer Mietwohnung wohnen, die Mietrechtsschutzversicherung. Für viele hat aber der gesamte Rechtsschutz einen großen Stellenwert. Bei mir steht er an letzter Stelle. Da bei Selbständigen alle Vertragsangelegenheiten und Wettbewerbsfälle ausgeschlossen sind und mich das als einziges interessieren würde, habe ich auf diesen Schutz weitgehend verzichtet. Ich habe eine Verkehrsrechtsschutzversicherung und bin Mitglied beim Mieterverein und dort im Bereich Mietrechtsschutz versichert. Ich höre aber immer wieder von Kundinnen: »Wenn ich keine Rechtsschutzversicherung gehabt hätte,

hätte ich den Arzt im Krankenhaus nie verklagt. So hat die Versicherung alles bezahlt, und ich habe sogar recht bekommen.« Überlegen Sie vor dem Abschluß einer Rechtsschutzversicherung, warum Sie glauben, diesen Schutz zu brauchen. Klären Sie ab, ob die Dinge, an die Sie denken, auch wirklich versichert sind. Wenn noch kein Rechtsstreit begonnen hat und Sie der Meinung sind, daß diese Versicherung für Sie wichtig ist, so sollten Sie nicht auf mich hören und den Abschluß tätigen.

Alleinlebend mit Kind

Laut Bundesfrauenministerium müssen (oder wollen) über 1 Million der alleinstehenden Frauen ihre Kinder allein erziehen und somit auch versorgen. Diese Frauen sind mit Beruf, Haushalt und Kindererziehung dreifach gefordert. Sie können häufig nur halbtags tätig sein, weil die Kinder noch zu klein sind oder kein Kindergarten- oder Krippenplatz zur Verfügung steht. Das heißt, sie haben zwar die Kosten wie alle alleinstehenden Frauen, aber dazu kommen noch die für das Kind. Dem steht auf der anderen Seite das geringere Einkommen gegenüber, weil Kind und Beruf miteinander vereinbart werden müssen.

Wie sieht die Versicherungssituation aus?

Krankenversicherung

Nur in der gesetzlichen Krankenversicherung haben die Mütter die Chance, ihr Kind (bis auf wenige Ausnahmen) beitragsfrei mitzuversichern. Verdienen Sie im Jahr 72 000 DM in den alten Bundesländern bzw. 61 200 DM brutto in den neuen (1996), so können Sie freiwillig in der gesetzlichen Krankenkasse versichert bleiben. Sie haben aber auch die Möglichkeit, in die private Krankenversicherung zu wechseln. Dieser Schritt muß gründlich überlegt werden, denn dort trifft in den meisten Fällen jede Beitragserhöhung nicht nur Sie, sondern auch das Kind.

Außer dem Vollschutz in der gesetzlichen oder privaten Krankenversicherung sollten Sie unbedingt die Höhe Ihrer Verdienstausfallversicherung im Auge behalten. Entspricht das Tagegeld dem Nettoeinkommen? Denn die Kosten laufen auch bei langer Krankheit weiter. Häufig kommt noch dazu, daß das Kind bei einem Krankenhausaufenthalt der Mutter von jemand anderem versorgt werden muß. In diesem Fall könnte es also wichtig sein, einen Vertrag über Krankenhaustagegeld bei einer privaten Krankenversicherung für die Zeit, bis das Kind auch allein zu Hause zurechtkommt, abzuschließen. Es sei denn, es gibt eine oder besser mehrere Personen, die in jedem Fall für das Kind sorgen könnten. Prüfen Sie bitte auch, welche Kosten Ihre Krankenversicherung übernimmt, wenn Ihr Kind ins Krankenhaus muß und Sie es begleiten wollen. Unter welchen Umständen ist das möglich? Bis zu welchem Alter und wie lange?

Nur in der gesetzlichen Krankenversicherung wird seit 1992 das Kinderpflegegeld für Alleinerziehende statt wie bisher 5 Tage jetzt 20 Tage im Jahr gezahlt. Ein Arbeitsvertrag ist erforderlich. Dieses Krankentagegeld wird bezahlt, wenn gesetzlich Versicherte nach ärztlichem Zeugnis zur Beaufsichtigung, Betreuung oder Pflege ihres erkrankten Kindes der Arbeit fernbleiben müssen und eine andere im Haushalt lebende Person das Kind nicht beaufsichtigen kann.

Für gesetzlich Krankenversicherte ist eine Reisekrankenversicherung, die das ganze Jahr gilt, sehr zu empfehlen. Es geht hier nicht nur um den Versicherungsschutz außerhalb Europas, sondern auch um den Rücktransport aus dem Ausland grundsätzlich, wenn dort eine Behandlung nur eingeschränkt oder gar nicht möglich ist. Aber auch für Reisen innerhalb Europas lohnt sich dieser Schutz, zum einen wegen des Rücktransportes, ganz besonders für Jugendliche, die allein reisen. Zum anderen, weil die ganze Abwicklung mit dem Auslandskrankenschein sehr mühsam ist. Viele Ärzte akzeptieren ihn nicht und wollen Bargeld.

Vorteile bietet eine Krankenhauszusatzversicherung für diejenigen, die großen Wert darauf legen, im Krankenhaus als Privatpatientin behandelt zu werden. Das ist kein Luxus, sondern kann im Einzelfall wichtig für den Gesundungsprozeß sein. Mit der Zusatzversicherung haben Sie auch die freie Wahl des Krankenhauses und die Wahl der Ärzte. Sie können also zum Spezialisten Ihrer Wahl gehen. Nicht jeder mag mit fremden Menschen in einem Zimmer liegen. Das Problem ist aber nicht mehr so groß, seit es in vielen Krankenhäusern ohnehin nur noch Zwei- bis max. Dreibettzimmer gibt.

Zahnzusatzversicherungen

Seit der Gesundheitsreform wird Zahnersatz für gesetzlich Versicherte teurer. 50 Prozent der Kosten für Zahnersatz und damit in Zusammenhang stehende zahnärztliche Leistungen werden von der Kasse übernommen. Eine höhere Leistung (60 Prozent) erhalten nur diejenigen, die nachweisen können, daß sie regelmäßig Vorsorge betrieben haben (Bonusheft). Auch wird nur für sogenannten einfachen Zahnersatz geleistet. Die Lücke können Sie mit einer Zahnzusatzversicherung schließen. Viele dieser Zahnzusatzversicherungen ermöglichen Ihnen, in keinem Fall mehr als 20 Prozent Eigenanteil zu behalten, das heißt, max. 80 Prozent der Zahnersatzkosten werden übernommen. Es hat wenig Sinn, den Versuch zu starten, einen solchen Zusatzschutz zu erhalten, wenn der Zahnarzt bereits darauf hingewiesen hat, daß eine Zahnsanierung erforderlich ist. Bei Abschluß müssen die Zähne in Ordnung sein. Also eine Versicherung, die erst in der Zukunft greifen wird. Am besten, Sie lassen sich vor Abschluß einer solchen Zahnzusatzversicherung von Ihrem Zahnarzt einen Zahnstatus erstellen. So kann es im Leistungsfall keine Mißverständnisse geben.

Pflegekostenversicherung

Pflegearbeit ist immer noch Frauenarbeit, so war es immer und könnte es nach Meinung vieler Männer auch bleiben. Pflege kostet aber viel Geld und noch mehr Kraft. Frauen verfügen nachweislich über weniger Geld als Männer, und auch ihre Kraft ist begrenzt. Der Anteil der pflegebedürftigen Frauen in Pflegeheimen ist unverhältnismäßig hoch, und leider auch die Zahl der Sozialfälle. Frauen leben länger – das heißt aber noch lange nicht: bis ans Ende ihres Lebens gesund und finanziell abgesichert.

Der größte Teil der Bevölkerung (ca. 80 Prozent) wird im Pflegefall zu Hause von Verwandten und Bekannten gepflegt. Ist kein Geld vorhanden, um die Pflegekosten zu bezahlen, werden die Kinder zur Kasse gebeten.

Egal ob die Pflege im Heim oder zu Hause durchgeführt wird, eine Fachkraft ist erforderlich, und das ist aus meiner Sicht auch gut so. Die Pflege eines Schwerstpflegebedürftigen überfordert Laien und ruiniert nicht selten die Gesundheit der Pflegenden. Pflege kostet Geld. Für einen Pflegeplatz sind heute Summen von 5 000 DM monatlich keine Seltenheit. Bereits heute haben wir geschätzt 1,65 Millionen Pflegefälle in Deutschland. Die Tendenz ist leider steigend. Das sogenannte Blüm-Modell sieht eine Pflichtversicherung für alle vor. Alle Menschen, die in

Deutschland krankenversichert sind, müssen sich seit dem 1.1.95 auch für den Pflegefall versichern. Statt der zunächst geplanten »Volksversicherung« für alle in einer gesetzlichen Versicherung gilt jetzt das Prinzip: »Pflegeversicherung folgt Krankenversicherung«. Gesetzlich Versicherte versichern sich gesetzlich gegen das Pflegerisiko, privat Versicherte tun das privat. Nur die freiwillig gesetzlich Versicherten hatten eine Wahlmöglichkeit, denn sie konnten sich ebenfalls für die private Pflegeversicherung entscheiden. Die Leistungen beider Systeme unterscheiden sich nicht, allenfalls wird es einige Unterschiede hinsichtlich Auslegung und Bürokratie geben.

Wie sieht die Pflicht-Pflegeversicherung aus?

a) häusliche Pflege (seit 1.4.95)

	Pflegesachleistungen	Pflegegeld
– Erheblich Pflegebedürftige (Stufe I)	750 DM	400 DM
– Schwerpflegebedürftige (Stufe II)	1 800 DM	800 DM
– Schwerstpflegebedürftige (Stufe III)	2 800 DM	1 300 DM

b) stationäre Pflege (seit 1.7.96)

- Für pflegebedingte Aufwendungen werden maximal 2800 DM gezahlt. Unterkunft und Verpflegung sind ausgeschlossen.
- Die Kosten für Unterkunft und Verpflegung trägt die Pflegebedürftige selbst.
- Die Leistungen der privaten Pflegeversicherungen werden zur Zeit den verbesserten Leistungen der sozialen Pflegeversicherung angepaßt.

Kinder sind beitragsfrei mitversichert.

Die Gelder werden nicht ausreichen, sondern wie bei allen gesetzlichen Absicherungen, die existieren, nur eine Basis bilden. Es bleibt also nur die Ergänzung durch eine private Pflegeversicherung. Je früher diese abgeschlossen wird, desto niedriger sind die Beiträge. Es gibt da mehrere Modelle, die im Abschnitt »Pflegeversicherung« erklärt werden. Der Abschluß ist nur möglich, wenn keine ernsthaften Erkrankungen vorliegen.

Kfz-Versicherungen

Alle Verkehrsteilnehmer brauchen eine Kfz-Haftpflichtversicherung, bevor sie mit dem Auto die Straßen befahren. Das ist gut so. Gerade im Straßenverkehr wird viel Schaden angerichtet. Da geht es nicht nur darum, daß Sie für jeden Schaden haften, den Sie im Zusammenhang mit dem Gebrauch des Autos anrichten; auch für den Geschädigten wäre es katastrophal, wenn kein Geld zur Verfügung stünde. Schwerverletzte, die eventuell ihren Beruf nicht mehr ausüben könnten, oder Hinterbliebene würden leer ausgehen.

Ganz davon abgesehen, daß für den Geschädigten die Wiederbeschaffung eines Autos kaum möglich wäre. Die Kfz-Haftpflichtversicherung ist also mit Recht eine Pflichtversicherung, und Sie sollten den höchstmöglichen Schutz wählen – unbegrenzt.

Bei der Teilkaskoversicherung geht es nicht um Schäden, die Sie anrichten, sondern um Schäden, die zum Beispiel Ihr Auto betreffen, Glasbruch, Diebstahl etc. Diese Versicherung ist ziemlich preiswert zu haben, Sie sollten aber eine Selbstbeteiligung von 300 DM pro Schaden wählen, sonst ist der Beitrag unverhältnismäßig hoch. Bei der Vollkaskoversicherung geht es nur um das Blech Ihres Autos. Anscheinend wird dem aber mehr Beachtung geschenkt als der eigenen Person. Vernünftigerweise sollten nur neue Autos (bis zu 2 Jahre alt) dort versichert sein. Außerdem sollte auch ein hoher Selbstbehalt vereinbart werden. Es geht ja nur um den großen Schaden. Viele schaffen allerdings den Ausstieg schwer – immer nach dem Motto: »Wenn ich morgen einen Totalschaden habe, fehlt mir das Geld für ein Auto.« Ich gehöre auch dazu, und es fällt mir immer wieder schwer, meine Vollkaskoversicherung aufzugeben. Vier Jahre habe ich mir selbst als Limit gesetzt. Wenn Sie ein Auto kaufen, das schon einige Jahre alt ist, können Sie von Anfang an auf die Vollkaskoversicherung verzichten.

Gern verkaufen die Versicherungen im Zusammenhang mit der Kfz-Versicherung eine Insassenunfallversicherung, auch mit dem Argument, daß Ihrem Kind etwas passieren könnte. Ihr Kind ist nicht 24 Stunden täglich im Auto. Eine Kinderunfallversicherung gilt rund um die Uhr und um die Welt. Die Insassenunfallversicherung gehört zu den unwichtigsten Versicherungen überhaupt. Autoinsassen, denen durch Ihr Verschulden etwas passiert, sind durch Ihre Kfz-Haftpflichtversicherung versichert. Wird den Insassen durch das Verschulden eines anderen Verkehrsteilnehmers ein Leid zugefügt, so haftet dieser. Die Kfz-Versicherung als Pflichtversicherung für AutofahrerInnen wird von vielen Unternehmen als »Türöffner« benutzt, um hinterher allerlei Versicherungen verkaufen zu können. Die Unternehmen locken mit Billigangeboten für verschiedene Kundengruppen. Da gibt es Tarife für Frauen, GaragenbesitzerInnen, WenigfahrerInnen, KleinwagenbesitzerInnen. Diese Angebote sind z. T. mit Vorsicht zu genießen, denn werden die Vorgaben nicht eingehalten, führt das in einigen Fällen zu finanziellen Einbußen bei der Schadensregulierung. So leisten einige Anbieter nicht voll, wenn ein Mann das Auto gefahren hat und ein Frauentarif abgeschlossen wurde. Es ist also erforderlich, vor Abschluß die Bedingungen ganz genau durchzulesen.

Private Haftpflichtversicherung

Eine Versicherung, die sinnvollerweise eine Pflichtversicherung sein sollte. Es passiert so schnell etwas. Eine Sekunde der Unachtsamkeit kann zum finanziellen Ruin führen: Sie fügen einer anderen Person einen Schaden zu, zum Beispiel: Sie lassen den ganzen Tag aus Versehen den Wasserhahn laufen und verursachen einen Schaden. Die Leute unter Ihnen müssen die Zimmerdecke und einiges mehr renovieren lassen. Es geht hier wirklich nicht um den Ersatz der Kaffeetasse der Kollegin, dieser Schaden würde Ihr Leben nicht verändern. Es geht um viel mehr. Denn Schäden können leicht die Millionengrenze überschreiten. Da muß nicht gleich an einen Großbrand gedacht werden.

Für mich ist meine private Haftpflichtversicherung (und als Geschäftsfrau meine berufliche Haftpflicht auch) eine Art »Rechtsschutzversicherung«, die mich vor Forderungen anderer schützt, denn notfalls geht das Versicherungsunternehmen vor Gericht, um ungerechtfertigte Ansprüche abzuwehren. Sind die Ansprüche gerechtfertigt und versichert, so zahlt die Versicherung auch. Nicht versichert sind Schäden an geliehenen, geleasten, gepachteten und gemieteten Sachen. Diese werden versicherungstechnisch so behandelt, als ob es Ihre eigenen wären.

Schwierigkeiten gibt es in jedem Fall, wenn Sie, bevor die Versicherung sich mit dem Fall beschäftigen konnte, die Zusage geben, daß bezahlt wird. Sagen Sie also nicht: »Das bezahlt meine Versicherung«, sondern: »Das übergebe ich meiner Versicherung.« Auf Unverständnis stößt die Regelung, daß die Versicherung nicht bezahlen will, wenn es sich um ehrenamtliche Tätigkeiten handelt. Ein Beispiel: Sie gießen bei der Nachbarin während ihres Urlaubs die Blumen und lüften. Sie vergessen, das Fenster zu schließen, und dieses geht kaputt. Ihre Nachbarin will jetzt den Schaden von Ihnen ersetzt haben. Ihre Haftpflichtversicherung geht davon aus, daß, wenn Sie kostenlos für jemanden arbeiten, dort kein Anspruch an Sie gestellt wird, denn schließlich übernehmen Sie die Arbeit nicht gegen Bezahlung und sind nicht beruflich dort tätig. Anders sieht es aus, wenn Sie den Hund Ihrer Nachbarin aus Gefälligkeit spazierenführen. Die Hundehalter-Haftpflichtversicherung (unbedingt erforderlich) zahlt dann für Schäden, die der Hund anrichtet.

Eine große Enttäuschung können Sie auch erleben, wenn Ihr Kind (noch keine 7 Jahre alt) einen Schaden anrichtet. Ein Kind in dem Alter kann nicht haftbar gemacht werden. Die Versicherung zahlt nur, wenn Sie schuld sind, das heißt, Ihre Aufsichtspflicht verletzt haben.

Wenn Sie selbständig sind, sollten Sie überlegen, ob Sie in Ausübung ihres Berufes einer Person oder einer Sache einen Schaden zufügen könnten. Wenn ja, so ist eine Berufs- (Betriebs-)Haftpflichtversicherung erforderlich. Auch hier gilt, daß geliehene, geleaste und gemietete Sachen nicht automatisch mitversichert sind. Eine Absicherung ist aber möglich.

Unfallversicherung

Sind Sie in einem Arbeitsverhältnis tätig, als Angestellte oder Arbeiterin, so sind Sie über Ihre(n) ArbeitgeberIn bei der Berufsgenossenschaft versichert. Ihr Arbeitgeber oder Ihre Arbeitgeberin zahlt die Beiträge für diese gesetzliche Unfallversicherung allein. Haben Sie keine(n) ArbeitgeberIn, so können Sie sich freiwillig bei der Berufsgenossenschaft melden und sich dort versichern. Der Schutz ist umfangreich und zu empfehlen.

Auch Ihr Kind ist als SchülerIn, StudentIn oder im Kindergarten gesetzlich gegen Unfall versichert. Auch der direkte Weg dorthin und wieder nach Hause ist mitversichert. Allerdings sind die Versicherungssummen sehr gering. Die weitaus meisten Unfälle passieren aber in der Freizeit. Eine private Unfallversicherung ist also empfehlenswert. Sie sollten aber auf alles Beiwerk wie Todesfallabsicherung, Krankenhaustagegeld und Genesungsgeld, kosmetische Operationen und Übergangsentschädigung etc. verzichten. Wichtig ist die Absicherung für den Fall der Invalidität, denn dann wird viel Kapital benötigt. Da geht es um Beträge von bis zu einer halben Million Mark und mehr. Denn dieses Kapital muß ja bis zum Ende des Lebens reichen und ein Leben als Invalide ermöglichen. So grausam es klingt – invalide zu sein ist ein schweres Los und ohne Geld kaum zu bewältigen.

Häufig wird der Fehler gemacht, daß für Kinder eine zu niedrige Invaliditätssumme vereinbart wird. Aber gerade ein Kind hat noch ein langes und ungesichertes Leben vor sich, daher muß bei Invalidität sehr viel Geld zur Verfügung stehen. Je jünger ein Mensch ist, desto länger muß die Invaliditätssumme reichen. Die Beiträge bei den Unfallversicherungen werden je nachdem, ob Sie einen kaufmännischen oder handwerklichen Beruf ausüben, nach der Gefahrengruppe A oder B aufgeteilt. Viele Versicherungsunternehmen versichern alle Frauen in der Gruppe A. Kinder haben besonders günstige Tarife. Schließen Sie keine Versicherungen mit Beitragsrückgewähr ab. Sie zahlen einen normalen Risikobeitrag wie bei anderen Unfallversicherungen auch und noch einen zusätzlichen Beitrag, den Sie – wenn kein Schadensfall eintritt – zurückerhalten. Das ist kein gutes Geschäft. Unfallversicherungen sind keine Kapitalanlagen – da gibt es anderswo mehr Zinsen. Bei der Unfallversicherung gibt es keine Doppelversicherung. Alle abgeschlossenen Unfallversicherungen zahlen im Schadensfall, ohne daß eine Verrechnung stattfindet.

Berufsunfähigkeitsrente/Erwerbsunfähigkeitsrente

Vielleicht gehören auch Sie zu den Frauen, deren Arbeitskraft ihr wichtigstes Kapital ist. Sie sorgen für sich und Ihr Kind, und von Ihrem Einkommen leben zwei oder mehr Personen. Wie würde es bei Ihnen aussehen, wenn Sie berufsunfähig wären bzw. erwerbsunfähig? Die gesetzliche Rentenversicherung macht da einen Unterschied. Erwerbsunfähig wären Sie, wenn Sie in keiner Weise mehr einen Beruf ausüben könnten. Als berufsunfähig gelten Sie, wenn Sie infolge von Krankheit oder anderer Gebrechen Ihren momentanen Beruf oder einen anderen Beruf, der Ihren Fähigkeiten und Ihrer

Ausbildung entspricht, zu weniger als 50 Prozent ausüben könnten.

Prüfen Sie in jedem Fall, was Sie von der gesetzlichen Rentenversicherung bekämen, wenn Sie heute berufsunfähig würden. Diese Leistung enthält eine wirklich soziale Komponente, denn würden Sie heute berufs- oder erwerbsunfähig, dann berechnete sich die Rente so, als ob Sie schon bis zum 55. Lebensjahr gearbeitet hätten, darüber hinaus noch ein Drittel bis zum 60. Lebensjahr. Sie müssen allerdings einen Anspruch auf diese Leistung haben. Den haben Sie, wenn Sie bereits 5 Jahre lang Pflichtbeiträge eingezahlt haben. Viele Frauen verlieren allerdings ihren Anspruch, weil sie Lücken in ihrem Rentenverlauf haben. Wie sieht es bei Ihnen aus? Auskunft geben unabhängige RentenberaterInnen oder die BfA/LVA. Sind Sie Angestellte und haben 5 Jahre eingezahlt, haben Sie einen Anspruch. Dieser Anspruch bleibt Ihnen erhalten, solange Sie angestellt sind. Wenn Sie sich aber entschließen, sich selbständig zu machen, besteht die Möglichkeit, daß Sie nach zwei Jahren den Anspruch verlieren.

Mit freiwilligen Beiträgen können Sie sich den Schutz erhalten, wenn Sie folgende Bedingungen erfüllen:

Sie haben bis Ende 1983 fünf Jahre Beiträge eingezahlt und haben seit dem 1.1.1984 keine Lücke in Ihrem Rentenverlauf, das heißt, jeder Monat wurde mit einem Beitrag belegt – da reicht es, wenn nur der Mindestbeitrag eingezahlt wurde. Auch Zeiten der Arbeitslosigkeit lassen in den meisten Fällen keine Lücke entstehen. Kinder schließen Lücken bis zu 10 Jahren. Seit dem 1.1.1992 können Sie sich mit der Zahlung von freiwilligen Beiträgen Zeit lassen, bis Ihr jüngstes Kind 10 Jahre alt ist. Sie können selber prüfen, wie es bei Ihnen aussieht. Fordern Sie einen Rentenverlauf an, wenn Sie bereits Anspruch (5 Jahre eingezahlt) haben. Sie können dann sehen, ob Lücken vorhanden sind. Wenn Sie jetzt also wissen, was Sie von der gesetzlichen Rentenversicherung im Falle der Berufsunfähigkeit zu erwarten haben, sollten Sie sich ganz realistisch fragen, ob Sie davon leben könnten (auch in der Annahme, daß Sie bei Berufsunfähigkeit noch etwas dazuverdienen könnten). Die Lücke können Sie nur mit einer privaten Berufsunfähigkeitsrente schließen. Sie ist nicht so leicht zu bekommen, denn alles, was bereits in Behandlung und nicht ausgeheilt ist, wird beim Schutz ausgeschlossen oder mit einem Risikobeitrag versehen. Auch spielt das Eintrittsalter eine große Rolle. Schwierigkeiten machen die Versicherungen, wenn eine Psychotherapie durchgeführt wurde. Das ist aus meiner Sicht kurzsichtig, denn ohne Psychotherapie wären vielleicht organische Krankheiten aufgetreten. Ich sehe die Psychotherapie als eine Vorsorgemaßnahme. Wenn bei uns mehr Männer ebenfalls zur Psychotherapie gingen und das Ganze mit mehr Selbstverständlichkeit gehandhabt würde, hätten Frauen heute nicht so große Probleme, eine private Berufsunfähigkeitsrente nach einer Psychotherapie abzuschließen. Mittlerweile gibt es Versicherungsunternehmen, die ihre Leistungen erweitert haben und die Berufsunfähigkeitsrente auch bei nachgewiesener Pflegebedürftigkeit zahlen.

Altersvorsorge

Was können Sie von der gesetzlichen Rentenversicherung erwarten? Es ist für Ihre weitere Planung wichtig, wie hoch Ihr Anspruch bei der gesetzlichen Rentenversicherung jetzt ist und mit welcher Leistung Sie im Alter rechnen können. Auf Seite 15–17 finden Sie Tabellen, die Ihnen einen kleinen Überblick geben. Sie werden aber sofort feststellen, daß es nicht möglich ist, allein von der gesetzlichen Rente zu leben. Die Rentnerin, die Politiker immer meinen, wenn sie behaupten: »Eins ist sicher – die Rente«, gibt es in Wirklichkeit so gut wie überhaupt nicht.

Nur 1 Prozent der Rentnerinnen verfügt über eine gesetzliche Rente von 2 500 DM und mehr im Monat. 75 Prozent der Frauenrenten liegen unter 1 000 DM monatlich.

Noch ein Hinweis: Ich spreche hier immer von der gesetzlichen Rentenversicherung. Vielleicht sind Sie aber nicht versicherungspflichtig, weil Sie selbständig sind. Vielleicht spielen Sie gerade mit dem Gedanken, sich selbständig zu machen, oder haben schon konkrete Pläne. Bevor Sie Ihren gesetzlichen Schutz aufgeben, sprechen Sie unbedingt mit der BfA/LVA oder einem/r RentenberaterIn, welche Folgen das für Sie hat. Denken Sie bitte daran, daß Sie nur bis zum 31.3. des laufenden Jahres für das zurückliegende Jahr freiwillig Beiträge einzahlen können, um sich zum Beispiel den Anspruch auf eine Berufsunfähigkeits- oder Erwerbsunfähigkeitsrente zu erhalten. Dort erfahren Sie auch, ob Sie die Bedingungen erfüllen, um sich mit freiwilligen Beiträgen den Anspruch auf eine Absicherung im Falle der Berufs- oder Erwerbsunfähigkeit erhalten zu können.

Vielleicht ist aber auch die gesetzliche Rentenversicherung für Sie gar kein Thema, weil Sie zu einem Versorgungswerk gehören, zum Beispiel als selbständige Architektin, Ärztin, Rechtsanwältin; es gibt sehr viele Versorgungswerke und natürlich auch noch die Beamtinnenversorgung. Die Beschreibung würde den Rahmen dieses Buches sprengen. Deshalb beschränke ich mich hier nur auf die gesetzliche Rentenversicherung der BfA/LVA. Das Versorgungswerk für KünstlerInnen – die KSK – ist der gleiche »Topf« wie die BfA. Wenn Sie also zu einem Versorgungswerk gehören, sollten Sie sich dort kundig machen.

Haben Sie eine Betriebsrente zu erwarten? Falls ja, wie hoch ist diese mit 60 oder 65 Jahren? Wann wird sie unverfallbar, das heißt, wann könnten Sie auch damit rechnen, wenn Sie das Unternehmen vor Rentenbeginn verlassen? In den meisten Fällen sind die Betriebsrenten nach 10 Jahren unverfallbar.

Als Ergänzung der gesetzlichen Rentenversicherung eignet sich die Altersvorsorge mit einer Lebensversicherung. Allen Kritikern zum Trotz gibt es keine sichere und steuerbegünstigte Möglichkeit, für das Alter vorzusorgen, außer dem Abschluß einer Lebensversicherung.

Drei Arten von Lebensversicherungen mit zahllosen Varianten kommen für Sie in Frage:

1. die Kapital-Lebensversicherung auf den Todes- und Erlebensfall,
2. die private Rentenversicherung,
3. die fondsgebundene Lebensversicherung.

Nur eine Lebensversicherung bietet die Möglichkeit, eine Vorsorge zu treffen, die auch noch bei Berufsunfähigkeit erhalten bleibt. Ein Einschluß einer Beitragsbefreiung bei Berufsunfähigkeit ist möglich.

Die Kapital-Lebensversicherung auf den Todes- und Erlebensfall ist nur für junge Frauen zu empfehlen und für Sie, wenn Sie am Todesfallschutz zur finanziellen Absicherung Ihres Kindes interessiert sind. Wenn Sie über 40 Jahre alt sind, sollten Sie sich in jedem Fall für eine private Rentenversicherung entscheiden, denn je älter Sie werden, desto uninteressanter wird die klassische Kapital-Lebensversicherung, denn dort steht die Absicherung für den Todesfall im Vordergrund. Bereits ab der ersten Zahlung eines Beitrags würde im Todesfall die Versicherungssumme an Ihre Hinterbliebenen ausgezahlt werden. Wichtig ist aus meiner Sicht in Ihrem Fall aber, daß *Sie* im Alter Geld zur Verfügung haben für *Ihr* Leben. Die Hinterbliebenenabsicherung können Sie auch über eine Risikoversicherung vornehmen.

Die private Rentenversicherung gibt Ihnen schon heute die Zusage einer lebenslangen Rentenzahlung. Im Todesfall wird nur das eingezahlte Kapital an die Hinterbliebenen ausgezahlt. Es kann auch vereinbart werden, daß keine Zahlung im Todesfall erfolgt oder daß nicht nur das eingezahlte Kapital ausgezahlt wird, sondern auch noch die bis dahin angefallenen Überschüsse. Grundsätzlich gilt: Je weniger Sie an andere denken, desto besser wird es um Ihre Rente bestellt sein. Vielen Frauen bleibt da gar keine Wahl, weil die Rentenaussichten so schlecht sind und nur wenig Kapital für die private Vorsorge aufgebracht werden kann.

Nur wenn Sie bereits eine sichere Basis für Ihr Alter geschaffen haben, sollten Sie sich mit dem Thema fondsgebundene Lebensversicherung befassen. Dort gibt es keine garantierten Leistungen, dafür aber die Chance, höhere Gewinne zu erzielen. Sie können aber auch Verluste machen. Sie haben keine feste Laufzeit, das heißt, Sie kommen jederzeit an Ihr Geld. Sinnvoll ist das allerdings überhaupt nicht, denn das Kapital soll ja im Alter zur Verfügung stehen. Warten Sie mindestens 12 Jahre mit dem Verkauf Ihrer Fonds-Anteile, so sind die Gewinne wie bei der klassischen Lebensversicherung und bei der Kapitalauszahlung bei der Rentenversicherung steuerfrei. Für die Steuerfreiheit ist es aber außerdem wichtig, daß Sie die Beiträge nicht auf einen Schlag eingezahlt haben, sondern laufend, das gilt für alle Lebensversicherungen (5 Jahresbeiträge genügen). Als klassische Altersvorsorge wird die fondsgebundene Lebensversicherung, wie sie in anderen Ländern an der Tagesordnung ist (ähnlich den englischen Lebensversicherungen), nicht anerkannt, sie kann also nicht bei den Sonderausgaben geltend gemacht werden.

Bei allen Lebensversicherungen ist der Einschluß einer Dynamik möglich. Das Argument der Versicherungen lautet: Der Kaufkraftverlust wird damit aufgefangen. »Dynamik« heißt bei der Lebensversicherung aber nichts anderes, als daß jedes Jahr ein kleiner Neuvertrag abgeschlossen wird – mit neuem Eintrittsalter und neuen Abschlußkosten. Über Ihr 40. Lebensjahr hinaus ist diese Vorgehensweise bei der Lebensversicherung mit Todesfallschutz besonders schlecht, denn dann zahlen Sie für jeden Kleinstabschluß immer höhere Beiträge und machen sich Ihre Rendite kaputt. Der einzige Vorteil der Dynamik ist, daß keine Gesundheitsprüfung erfolgt. Diese ist jedoch nur erforderlich, wenn es um eine Todesfallabsicherung geht. Die private Rentenversicherung kennt keine Gesundheitsprüfung. Wenn es also in der Lebensversicherung sowieso keine kostenfreie Erhöhung gibt, so sind Sie auch ganz frei in Ihrer Entscheidung. Möchten Sie Ihre Altersvorsorge mit einer Lebensversicherung aufstocken, dann sollten Sie sich nicht an die Vorschläge der Versicherungen halten, sondern überlegen:

1. Was möchte ich monatlich anlegen?
2. Was brauche ich im Alter? (heutiger Stand ganz grob gerechnet – für 130 000 DM könnten Sie ab dem 65. Lebensjahr lebenslang ca. 1 000 DM gleichbleibende private Rente monatlich bekommen oder 700 DM, jährlich steigend.)
3. Bei welchem Anbieter kann ich den günstigsten Schutz erhalten?

Für viele Angestellte ist die einzige legale Möglichkeit, mit Versicherungen schon während der Laufzeit Steuern sparen zu können, die Direktversicherung, da die Sonderausgaben bereits ausgeschöpft sind. Ohne Direktversicherung zahlen Sie Ihre Lebensversicherungsbeiträge von Ihrem bereits versteuerten Einkommen – von Ihrem Nettogehalt. Sie haben aber auch die Möglichkeit, wenn Ihr(e) ArbeitgeberIn mitmacht, den Betrag (z.Zt. max. 284 DM im Monat oder 3 408 DM im Jahr) bereits von Ihrem Bruttogehalt abziehen zu lassen. So sparen Sie die Differenz zwischen der Pauschalsteuer (20 Prozent plus 7 Prozent Kirchensteuer [z. B. in Bayern] und Solidaritätszuschlag) und Ihrem Spitzensteuersatz. Es gibt dort noch einige Vorteile für Sie. Wenn also dieses Modell für Sie in Frage kommt, sollten Sie sich über dieses Thema informieren.

Gerade für alleinlebende Frauen kann es zum Problem werden, wenn sie die Ausbildung ihres Kindes finanzieren möchten. Um ein Kapitalpolster für diesen Fall zu schaffen, legen sie das Kindergeld in einer sogenannten Ausbildungsversicherung an. Das ist eine spezielle Form einer Lebensversicherung. Stirbt die Mutter vor der Auszahlung, so fallen keine Beiträge mehr an, und die vollen Leistungen werden zum vereinbarten Termin ausgezahlt. Diese Versicherung wird auch Termfix-Versicherung genannt, weil sie zu einem bestimmten Termin ausgezahlt wird und vorher keine Leistungen erbracht werden. Wenn die *sofortige* Hinterbliebenenabsicherung keine Rolle spielt, kann sie auch zur Altersvorsorge verwendet werden. Die Leistung im Erlebensfall wird nämlich an Sie ausgezahlt, wenn das Bezugsrecht dies vorsieht. Das ist auch gut so, denn Sie können dann entscheiden, wofür das Geld eingesetzt werden soll.

Hinterbliebenenabsicherung

Von der Sorge getragen »Was wird aus meinem Kind, wenn ich sterbe?«, schließen viele Mütter eine Lebensversicherung ab, die im Todesfall für das Kind Kapital schaffen soll. Das passiert auch, wenn nur wenig Geld vorhanden ist. Es kommen jedoch nur geringe Summen zustande, wenn eine klassische Lebensversicherung gewählt wird. Um ein Vielfaches günstiger ist eine Risiko-Lebensversicherung, die *nur* im Todesfall zahlt. Dort können Frauen mit einem ganz geringen Betrag den Todesfall absichern. Es hat sowieso wenig Sinn, die Todesfallabsicherung bis zum Rentenalter zu vereinbaren.

Fragen Sie sich: Wieviel Kapital muß für mein Kind zur Verfügung stehen, wenn ich sterben sollte? Wie lange müßte eine Absicherung vorhanden sein? Je kürzer die Zeit, desto günstiger ist dieser Schutz. Nehmen wir an, Ihr Kind ist jetzt 10 Jahre alt. Da würde es aus meiner Sicht reichen, wenn Sie die Risikoversicherung für 10 Jahre abschließen. Ihr Kind wäre dann voraussichtlich in der Lage, für den eigenen Lebensunterhalt zu sorgen.

Es besteht die Möglichkeit, die Risikoversicherung während der Laufzeit in eine kapitalbildende Lebensversicherung zur Altersvorsorge umzuwandeln. Der einzige Vorteil besteht darin, daß keine erneute Risikoprüfung erfolgt. Ansonsten handelt es sich um einen Neuabschluß mit neuem Eintrittsalter und neuen Abschlußkosten.

Die gesetzliche Hinterbliebenenabsicherung ist sehr gering, da nur ein Teil der bis dahin angesammelten Altersrentenanwartschaft als Waisenrente ausgezahlt wird. War die Mutter erst wenige Jahre berufstätig und hat niedrige Beiträge eingezahlt, so kommt kaum eine Rente zustande. Bei einem Jahreseinkommen von 40 000 DM und 10 Jahren beitragspflichtiger Berufstätigkeit wären das höchstens ca. 80 DM monatliche Vollwaisenrente für die Kinder (ohne Zurechnungszeiten).

Hausratversicherung

Ob Sie Ihren Hausrat gegen Schäden durch Einbruch/Diebstahl, Leitungswasser, Feuer, Sturm/Hagel versichern, ist ganz allein Ihre Entscheidung, und im Schadensfall sind auch nur Sie betroffen. So lautet also die Frage: Könnte ich auch verschmerzen, daß mein Hausrat nicht mehr oder nur noch reduziert vorhanden ist? Wenn nicht, sollten Sie sich in jedem Fall eingehend mit dem Thema befassen. Machen Sie eine Aufstellung, was Ihr Hausrat wirklich wert ist. Stellen Sie sich die Frage: Was müßte ich heute ausgeben, wenn ich die Dinge neu beschaffen müßte? Wenn Ihr Hausrat abgesichert werden soll, dann auch perfekt, das heißt, Sie sollten weder unter- noch überversichert sein. Seit 1984 gibt es neue Bedingungen, einfaches Glas (z. B. in Schranktüren) und Fahrräder sind nicht mehr beitragsfrei mitversichert. Dafür besteht aber ein viel wichtigerer Schutz, und zwar zahlt die Versicherung auch bei Vandalismusschäden. Das ist wichtig, denn wird bei einem Einbruch nichts gefunden, was zu stehlen sich lohnt, zerstören die Täter häufig den Hausrat.

Gerade wenn kleine Kinder im Haus sind, wird häufig mit Absicht kein sehr teures Mobiliar angeschafft. So höre ich oft: »Solange die Kinder klein sind, möchte ich keine empfindlichen und teuren Einrichtungsgegenstände haben, denn die werden sehr strapaziert. Ist in diesem Fall überhaupt eine Hausratversicherung sinnvoll?« In der Vergangenheit gab es im Schadensfall sehr häufig Ärger wegen Unterversicherung. Diesen Ärger können Sie sich ersparen, wenn Sie pro Quadratmeter Wohnfläche 1200 DM (bei wenigen Anbietern 1000 DM) Versicherungssumme wählen. Natürlich nur, wenn die Summe auch ungefähr dem Wert Ihres Hausrates entspricht. Im Schadensfall prüft der Versicherer dann nicht, ob Unterversicherung vorliegt.

Glas muß extra versichert werden. Ob das sinnvoll ist, entscheiden Sie selbst. Ich halte wenig von Glasversicherungen. Aus meiner Sicht lieber einmal eine Scheibe selbst bezahlen als ständig einen Beitrag an die Versicherung. Fragen Sie sich, wie oft Sie in den vergangenen Jahren einen Glasschaden hatten, wie teuer die Reparatur war und ob Sie den Schaden nicht selbst hätten bezahlen können. Wenn Sie Zweifel haben, fragen Sie einen Glaser, wie teuer Ihre größte Fensterscheibe ist. Dann überlegen Sie, wie groß das Risiko eines Bruchs ist.

Ob Sie Ihr Fahrrad und das Ihres Kindes versichern, hängt davon ab, ob Sie bereit sind, kleinere Summen auch selber zu übernehmen, oder ob Sie immer eine Versicherung brauchen, die Ihren Schaden wiedergutmacht. Natürlich kommt es auch darauf an, wie groß das Risiko ist, daß Ihre Fahrräder gestohlen werden, und wie wertvoll sie sind.

Es ist wichtig, daß Sie sich die Rahmennummer und das Fabrikat notieren. Noch besser ist es, wenn Sie sich vom Händler einen Fahrradpaß geben lassen. Der Diebstahl muß der Polizei gemeldet werden, und diese braucht auch die Daten, damit Sie Ihre Räder zurückerhalten, wenn sie gefunden werden sollten.

Rechtsschutzversicherung

Für viele die Lieblingsversicherung. Aus meiner Sicht gibt es zwei Versicherungszweige in der Rechtsschutzversicherung, die sinnvoll sind und von großem Nutzen sein können: die Verkehrsrechtsschutzversicherung und, wenn Sie in einer Mietwohnung wohnen, die Mietrechtsschutzversicherung. Für viele hat aber der gesamte Rechtsschutz einen großen Stellenwert. Bei mir steht er an letzter Stelle. Da bei Selbständigen alle Vertragsangelegenheiten und Wettbewerbsfälle ausgeschlossen sind und mich das als einziges interessieren würde, habe ich auf diesen Schutz weitgehend verzichtet. Ich habe eine Verkehrrechtsschutzversicherung und bin Mitglied beim Mieterverein und dort im Bereich Mietrechtsschutz versichert. Das kann für Sie wichtig sein, denn häufig ist es mit Kindern noch schwieriger, eine neue Wohnung zu finden, wenn Ihnen gekündigt wird. Ich höre immer wieder von Kundinnen: »Wenn ich keine Rechtsschutzversicherung gehabt hätte, hätte ich nie geklagt. So hat die Versicherung alles bezahlt, und ich habe sogar recht bekommen.« Überlegen Sie vor dem Abschluß einer Rechtsschutzversicherung, warum Sie glauben, diesen Schutz zu brauchen. Klären Sie ab, ob die Dinge, an die Sie denken, auch wirklich versichert sind. Wenn noch kein Rechtsstreit begonnen hat und Sie der Meinung sind, daß diese Versicherung für Sie wichtig ist, so sollten Sie nicht auf mich hören und den Abschluß tätigen.

Ehefrau ohne Kind

Ehefrau zu sein heißt heute nicht mehr, den Lebensunterhalt vom Mann zu beziehen, das trifft nur auf 50 Prozent der Ehefrauen zu. Die andere Hälfte ist trotz Ehe berufstätig. Berufstätig sollte heißen, ein eigenes Einkommen zu haben und selbst Vorsorge für das Alter und mögliche Berufsunfähigkeit zu treffen. Schön wär's. Leider sieht die Praxis anders aus: Mittlerweile gibt es bei uns mehr als 1 Million ungeschützte Arbeitsverhältnisse, die sogenannten geringfügig beschäftigten Mitarbeiterinnen. Hier kann ruhig die weibliche Form gewählt werden. Nur ein verschwindend geringer Anteil von Männern (ca. 2 Prozent) geht ein solches völlig ungeschütztes Arbeitsverhältnis ein. Warum tun Frauen es? In erster Linie wird folgendes Argument verwendet: »Ich bin verheiratet und bei meinem Mann mitversichert, und mein Mann/unser Steuerberater meint, es lohnt sich nicht, ein sozialabgabepflichtiges Angestelltenverhältnis einzugehen. Da muß ich einen Krankenversicherungsbeitrag zahlen, und den Rest frißt die Steuer weg.« Haben Sie schon einmal einen Mann getroffen, der auf eine Gehaltserhöhung von 600 DM monatlich verzichtet hätte, weil dann die Sozialabgaben stiegen und er mehr Steuern bezahlen müßte? Ich nicht, denn Gehalt ist auch eine Anerkennung von Leistung. Wie wird aber die Leistung von Frauen bezahlt, die im Familienunternehmen mitarbeiten? In den meisten Fällen gar nicht. Und wie sieht es mit den Frauen aus, die auf eine Berufstätigkeit außerhalb der Ehe ganz verzichten, um dem Mann die Karriere zu ermöglichen? Sie verdienen zwar viel – erhalten aber nichts. Von einer eigenen Absicherung ganz zu schweigen.

Für alle Ehefrauen gilt: Es gibt Versicherungen, die sind

für eine Ehegemeinschaft nur einmal erforderlich, zum Beispiel die private Haftpflichtversicherung. Die Altersvorsorge muß aber für jede Person einzeln geregelt werden. Häufig reicht die vorhandene nicht einmal für eine Person. Bleibt die Ehe bis zum Rentenalter bestehen, so ist die Chance gut, daß beide Ehepartner einigermaßen von der gesetzlichen Rentenversicherung plus privaten Vermögenswerten leben können. Im Scheidungsfall, wenn eine Aufteilung erfolgt, bleibt in den meisten Fällen die Altersvorsorge der nichtberufstätigen Ehefrau auf der Strecke. Auch bei Frauen, die nur wenig während der Ehe verdient haben, sieht es häufig katastrophal aus.

Wie sieht die Versicherungssituation bei Eheleuten aus?

Krankenversicherung

Nur in der gesetzlichen Krankenversicherung besteht die Möglichkeit, Familienangehörige beitragsfrei mitzuversichern. Voraussetzung ist, daß die mitzuversichernde Person im Monat nicht mehr als 590 DM in den alten bzw. 500 DM in den neuen Bundesländern (1996) verdient. Bei Beamten ist ein höherer Zuverdienst möglich.

Bei berufstätigen Frauen ist ein eigener Krankenversicherungsschutz erforderlich. Dieser kann gesetzlich oder privat – je nach Verdienst und Status (selbständig oder angestellt) – abgeschlossen werden. Verdienen Sie im Jahr 72 000 DM in den alten bzw. 61 200 DM brutto in den neuen Bundesländern (1996), so können Sie freiwillig in der gesetzlichen Krankenkasse versichert bleiben, wenn Sie dort bereits länger als ein halbes Jahr versichert waren (auch die Familienversicherung gilt als Vertragszeit). Sie haben aber auch die Möglichkeit, in die private Krankenversicherung zu wechseln. Dieser Schritt muß gründlich überlegt werden, denn Sie verlassen damit eine

Solidargemeinschaft. Die privaten Anbieter interessiert es überhaupt nicht, wie Ihr Verdienst ist, da gilt der gleiche Betrag für niedrige und höhere Einkommen.

Sind Sie berufstätig, so sollten Sie außer dem Vollschutz in der gesetzlichen oder privaten Krankenversicherung unbedingt die Höhe Ihrer Verdienstausfallversicherung im Auge behalten. Entspricht das Tagegeld Ihrem Nettoeinkommen? Denn die Kosten laufen auch bei langer Krankheit weiter. Für gesetzlich Krankenversicherte ist eine Reisekrankenversicherung, die das ganze Jahr gilt, sehr zu empfehlen. Es geht hier nicht nur um den Versicherungsschutz außerhalb Europas, sondern auch um den Rücktransport aus dem Ausland, wenn dort eine Behandlung nur eingeschränkt oder gar nicht möglich ist. Aber auch für Reisen innerhalb Europas lohnt sich dieser Schutz, zum einen wegen des Rücktransportes, zum anderen, weil die ganze Abwicklung mit dem Auslandskrankenschein sehr mühsam ist. Viele Ärzte akzeptieren ihn nicht und wollen Bargeld.

Vorteile bietet eine Krankenhauszusatzversicherung für diejenigen, die großen Wert darauf legen, im Krankenhaus als Privatpatientin behandelt zu werden. Das ist kein Luxus, sondern kann im Einzelfall wichtig für den Gesundungsprozeß sein. Mit der Zusatzversicherung haben Sie auch die freie Wahl des Krankenhauses und des behandelnden Arztes. Sie können also zum Spezialisten Ihrer Wahl gehen. Nicht jeder mag mit fremden Menschen in einem Zimmer liegen. Das Problem ist aber nicht mehr so groß, seit es in vielen Krankenhäusern ohnehin nur noch Zwei- bis max. Dreibettzimmer gibt.

Zahnzusatzversicherung

Seit der Gesundheitsreform wird Zahnersatz für gesetzlich Versicherte teurer. 50 Prozent der Kosten für Zahnersatz und damit in Zusammenhang stehende zahnärztliche Leistungen werden von der Kasse übernommen. Eine höhere Leistung (60 Prozent) erhalten nur diejenigen, die nachweisen können, daß sie regelmäßige Vorsorge betrieben haben (Bonusheft). Auch wird nur für sogenannten einfachen Zahnersatz geleistet. Die Lücke können Sie mit einer Zahnzusatzversicherung schließen. Viele dieser Zahnzusatzversicherungen ermöglichen Ihnen, in keinem Fall mehr als 20 Prozent Eigenanteil zu behalten, das heißt, 80 Prozent der Zahnersatzkosten werden übernommen; auch höhere Leistung ist versicherbar. Allerdings hat es wenig Sinn, den Versuch zu starten, einen solchen Zusatzschutz zu erhalten, wenn der Zahnarzt bereits darauf hingewiesen hat, daß eine Zahnsanierung erforderlich ist. Bei Abschluß müssen die Zähne in Ordnung sein. Also eine Versicherung, die erst in der Zukunft greifen wird. Am besten, Sie lassen sich vor Abschluß einer solchen Zahnzusatzversicherung von Ihrem Zahnarzt einen Zahnstatus erstellen. So kann es im Leistungsfall keine Mißverständnisse geben.

Pflegekostenversicherung

Pflegearbeit ist Frauenarbeit, so war es immer, könnte es nach Meinung vieler Männer auch bleiben. Pflege kostet aber viel Geld und noch mehr Kraft. Frauen verfügen nachweislich über weniger Geld als Männer, und auch ihre Kraft ist begrenzt. Der Anteil der Frauen in Pflegeheimen ist unverhältnismäßig hoch, und leider auch die Zahl der Sozialfälle. Frauen leben länger – das heißt aber noch lange nicht: bis ans Ende ihres Lebens gesund und finanziell abgesichert. Häufig pflegt die Ehefrau ihren Mann, und das gesamte Kapital wird aufgebraucht. Wird sie selbst ein Pflegefall, ist weder Geld noch eine Pflegeperson da, die sie pflegen könnte.

Der größte Teil der Bevölkerung (ca. 80 Prozent) wird im Pflegefall zu Hause von Verwandten und Bekannten gepflegt. Die Familienstruktur hat sich aber sehr geändert. Die Großfamilien von früher gibt es kaum noch, und auch der Platz in den Wohnungen ist so begrenzt, daß eine Person, die gepflegt werden muß, oft nicht mehr untergebracht werden kann. Auch würde dies meist für die Frauen bedeuten, daß sie ihren Beruf aufgeben müßten. Ein Mann tut das in den seltensten Fällen.

Egal ob die Pflege im Heim oder zu Hause durchgeführt wird, eine Fachkraft ist erforderlich, und das ist aus meiner Sicht auch gut so. Die Pflege eines Schwerstpflegebedürftigen überfordert Laien und ruiniert nicht selten die Gesundheit der Pflegenden. Pflege kostet Geld. Für einen Pflegeplatz sind heute Summen von 5 000 DM monatlich und mehr keine Seltenheit. Bereits heute haben wir geschätzt 1,65 Millionen Pflegefälle in Deutschland. Die Tendenz ist leider steigend. Das sogenannte Blüm-Modell sieht eine Pflichtversicherung für alle vor. Alle Menschen, die in Deutschland krankenversichert sind, müssen sich seit dem 1.1.95 auch für den Pflegefall versichern. Statt der zunächst geplanten »Volksversicherung« für alle in einer gesetzlichen Versicherung gilt jetzt das Prinzip: »Pflegeversicherung folgt Krankenversicherung«. Gesetzlich Versicherte versichern sich gesetzlich gegen das Pflegerisiko, privat Versicherte tun das privat. Nur die freiwillig gesetzlich Versicherten hatten eine Wahlmöglichkeit, denn sie konnten sich ebenfalls für die private Pflegeversicherung entscheiden. Die Leistungen beider Systeme unterscheiden sich nicht, allenfalls wird es einige Unterschiede hinsichtlich Auslegung und Bürokratie geben.

Wie sieht die Pflicht-Pflegeversicherung aus?

a) häusliche Pflege (seit 1.4.95)

	Pflegesachleistungen	Pflegegeld
– Erheblich Pflegebedürftige (Stufe I)	750 DM	400 DM
– Schwerpflegebedürftige (Stufe II)	1 800 DM	800 DM
– Schwerstpflegebedürftige (Stufe III)	2 800 DM	1 300 DM

b) stationäre Pflege (seit 1.7.96)

- Für pflegebedingte Aufwendungen werden maximal 2800 DM gezahlt. Unterkunft und Verpflegung sind ausgeschlossen.
- Die Kosten für Unterkunft und Verpflegung trägt die Pflegebedürftige selbst.
- Die Leistungen der privaten Pflegeversicherungen werden zur Zeit den verbesserten Leistungen der sozialen Pflegeversicherung angepaßt.

In der gesetzlichen Pflegeversicherung ist die nicht berufstätige Ehefrau beitragsfrei mitversichert. In der privaten Pflegeversicherung zahlt sie den halben Beitrag. Kinder sind immer beitragsfrei mitversichert.

Die Gelder werden nicht ausreichen, sondern wie bei allen gesetzlichen Absicherungen, die existieren, nur eine Basis bilden. Es bleibt also nur die Ergänzung durch eine private Pflegeversicherung. Je früher diese abgeschlossen wird, desto niedriger sind die Beiträge. Es gibt da mehrere Modelle, die im Abschnitt »Pflegeversicherung« erklärt werden. Der Abschluß ist nur möglich, wenn keine ernsthaften Erkrankungen vorliegen.

Kfz-Versicherungen

Haben Sie ein eigenes Auto? Dann brauchen Sie eine Kfz-Haftpflichtversicherung, bevor Sie mit dem Auto die Straßen befahren. Das ist gut so. Gerade im Straßenverkehr wird viel Schaden angerichtet. Da geht es nicht nur darum, daß Sie für jeden Schaden haften, den Sie im Zusammenhang mit dem Gebrauch des Autos anrichten; auch für den Geschädigten wäre es katastrophal, wenn kein Geld zur Verfügung stünde. Schwerverletzte, die eventuell ihren Beruf nicht mehr ausüben könnten, oder Hinterbliebene würden leer ausgehen. Ganz davon abgesehen, daß für den Geschädigten die Wiederbeschaffung eines Autos kaum möglich wäre. Die Kfz-Haftpflichtversicherung ist also mit Recht eine Pflichtversicherung, und Sie sollten den höchstmöglichen Schutz wählen – unbegrenzt.

Bei der Teilkaskoversicherung geht es nicht um Schäden, die Sie anrichten, sondern um Schäden, die Ihr Auto betreffen, zum Beispiel Glasbruch, Diebstahl etc. Diese Versicherung ist ziemlich preiswert zu haben, Sie sollten aber eine Selbstbeteiligung von 300 DM pro Schaden wählen, sonst ist der Beitrag unverhältnismäßig hoch.

Bei der Vollkaskoversicherung geht es nur um das Blech Ihres Autos. Anscheinend wird dem aber mehr Beachtung geschenkt als der eigenen Person. Vernünftigerweise sollten nur neue Autos (bis zu 2 Jahre alt) dort versichert sein. Außerdem sollte auch ein hoher Selbstbehalt vereinbart werden. Es geht ja nur um den großen Schaden. Viele schaffen allerdings den Ausstieg schwer – immer nach dem Motto: »Wenn ich morgen einen Totalschaden habe, fehlt mir das Geld für ein Auto.« Ich gehöre auch dazu, und es fällt mir immer wieder schwer, meine Vollkaskoversicherung aufzugeben. Vier Jahre habe ich mir selbst als Limit gesetzt. Wenn Sie ein Auto kaufen, das schon einige Jahre alt ist, können Sie von Anfang an auf die Vollkaskoversicherung verzichten.

Gern verkaufen die Versicherungen im Zusammenhang mit der Kfz-Versicherung eine Insassenunfallversicherung. Diese gehört zu den unwichtigsten Versicherungen überhaupt. Autoinsassen, denen durch Ihr Verschulden etwas passiert, sind durch Ihre Kfz-Haftplicht versichert. Wird den Insassen durch das Verschulden eines anderen Verkehrsteilnehmers ein Leid zugefügt, so haftet dieser.

Die Kfz-Versicherung als Pflichtversicherung für AutofahrerInnen wird von vielen Unternehmen als »Türöffner« benutzt, um hinterher allerlei Versicherungen verkaufen zu können. Die Unternehmen locken mit Billigangeboten für verschiedene Kundengruppen. Da gibt es Tarife für Frauen, GaragenbesitzerInnen, WenigfahrerInnen, KleinwagenbesitzerInnen. Diese Angebote sind z.T. mit Vorsicht zu genießen, denn werden die Vorgaben nicht eingehalten, führt das in einigen Fällen zu finanziellen Einbußen bei der Schadensregulierung. So leisten einige Anbieter nicht voll, wenn ein Mann das Auto gefahren hat und ein Frauentarif abgeschlossen wurde.

Es ist also erforderlich, vor Abschluß die Bedingungen ganz genau durchzulesen.

Private Haftpflichtversicherung

Eine Versicherung, die sinnvollerweise eine Pflichtversicherung sein sollte. Es passiert so schnell etwas. Eine Sekunde der Unachtsamkeit kann zum finanziellen Ruin führen: Sie fügen einer anderen Person einen Schaden zu, übersehen zum Beispiel als Radfahrerin einen Fußgänger. Es geht hier wirklich nicht um die kleinen Ungeschicklichkeiten, wie zum Beispiel den Rotweinfleck auf der Tischdecke der Gastgeberin, dieser Schaden würde Ihr Leben nicht verändern.

Es geht um viel mehr. Denn Schäden können leicht die Millionengrenze überschreiten. Da muß nicht gleich an einen Großbrand gedacht werden. Für mich ist meine private Haftpflichtversicherung (und als Geschäftsfrau meine berufliche Haftpflicht auch) eine Art »Rechtsschutzversicherung«, die mich vor Forderungen anderer schützt, denn notfalls geht das Versicherungsunternehmen vor Gericht, um ungerechtfertigte Ansprüche abzuwehren. Sind die Ansprüche gerechtfertigt und versichert, so zahlt die Versicherung auch.

Nicht versichert sind Schäden an geliehenen, geleasten, gepachteten und gemieteten Sachen. Diese werden versicherungstechnisch so behandelt, als ob es Ihre eigenen wären. Schwierigkeiten gibt es in jedem Fall, wenn Sie, bevor die Versicherung sich mit dem Fall beschäftigen konnte, die Zusage geben, daß bezahlt wird. Sagen Sie also nicht: »Das bezahlt meine Versicherung« sondern: »Das übergebe ich meiner Versicherung.«

Auf Unverständnis stößt die Regelung, daß die Versicherung nicht bezahlen will, wenn es sich um ehrenamtliche Tätigkeiten handelt. Ein Beispiel: Sie helfen einer Freundin beim Umzug und lassen etwas fallen. Sie helfen ihr kostenlos. Ihre Freundin will jetzt den Schaden von Ihnen ersetzt haben. Ihre Haftpflichtversicherung geht davon aus, daß, wenn Sie kostenlos für jemanden arbeiten, dort kein Anspruch an Sie gestellt wird, denn schließlich übernehmen Sie die Arbeit nicht gegen Bezahlung und sind nicht beruflich dort tätig.

Anders sieht es aus, wenn Sie den Hund Ihrer Nachbarin aus Gefälligkeit spazierenführen. Die Hundehalter-Haftpflichtversicherung (unbedingt erforderlich) zahlt dann für Schäden, die der Hund anrichtet.

Wenn Sie selbständig sind, sollten Sie überlegen, ob Sie in Ausübung Ihres Berufes einer Person oder einer Sache einen Schaden zufügen könnten. Wenn ja, so ist eine Berufs-(Betriebs-)Haftpflichtversicherung erforderlich. Auch hier gilt, daß geliehene, geleaste, gepachtete und gemietete Sachen nicht automatisch mitversichert sind. Eine Absicherung ist aber möglich.

Eheleute brauchten nur eine Haftpflichtversicherung.

Die Ehefrau oder der Ehemann ist beitragsfrei mitversichert.

Unfallversicherung

In vielen Ehen ist es so, daß der Mann die beste private Absicherung hat, obwohl er sowieso schon durch andere Versicherungen besser abgesichert ist. Die Ehefrau ist nicht oder nur minimal für den Fall versichert, daß sie durch Unfall invalide wird. Sind Sie in einem Arbeitsverhältnis tätig, als Angestellte oder Arbeiterin, so sind Sie über Ihre(n) ArbeitgeberIn bei der Berufsgenossenschaft versichert. Ihr Arbeitgeber oder Ihre Arbeitgeberin zahlt die Beiträge für diese gesetzliche Unfallversicherung allein. Haben Sie keine(n) ArbeitgeberIn, so können Sie sich freiwillig bei der Berufsgenossenschaft melden und sich dort versichern. Der Schutz ist umfangreich und zu empfehlen.

Die weitaus meisten Unfälle passieren aber in der Freizeit oder im Haushalt. Eine private Unfallversicherung ist also empfehlenswert. Sie sollten aber auf alles Beiwerk wie Todesfallabsicherung, Krankenhaustagegeld und Genesungsgeld, kosmetische Operationen und Übergangsentschädigung etc. verzichten. Wichtig ist die Absicherung für den Fall der Invalidität, denn dann wird viel Kapital benötigt. Da geht es um Beträge von bis zu einer halben Million Mark und mehr. Denn dieses Kapital muß ja bis zum Ende Ihres Lebens reichen und Ihnen ein Leben als Invalide ermöglichen. So grausam es klingt – invalide zu sein ist ein schweres Los und ohne Geld kaum zu bewältigen.

Die Beiträge bei den Unfallversicherungen werden je nachdem, ob Sie einen kaufmännischen oder handwerklichen Beruf ausüben, nach der Gefahrengruppe A oder B aufgeteilt. Viele Versicherungsunternehmen versichern alle Frauen in der Gruppe A.

Schließen Sie keine Versicherungen mit Beitragsrückgewähr ab. Sie zahlen einen normalen Risikobeitrag wie bei anderen Unfallversicherungen auch und noch einen zusätzlichen Beitrag, den Sie – wenn kein Schadensfall eintritt – zurückerhalten. Das ist kein gutes Geschäft. Unfallversicherungen sind keine Kapitalanlagen – da gibt es anderswo mehr Zinsen. Bei der Unfallversicherung gibt es keine Doppelversicherung. Alle abgeschlossenen Unfallversicherungen zahlen im Schadensfall, ohne daß eine Verrechnung stattfindet.

Berufsunfähigkeitsrente/Erwerbsunfähigkeitsrente

Welchen Stellenwert hat Ihre Arbeitskraft, wenn es um Ihren Lebensunterhalt geht? Für die meisten Ehepaare ist der Erhalt des erreichten Lebensstandards nicht denkbar, wenn die Arbeitskraft der Frau ganz oder teilweise entfällt. Die gesetzliche Rentenversicherung macht da einen Unterschied. Erwerbsunfähig sind alle, die in keiner Weise mehr einen Beruf ausüben können. Als berufsunfähig gilt, wer infolge von Krankheit oder anderer Gebrechen seinen momentanen Beruf oder einen anderen Beruf, der seinen Fähigkeiten und seiner Ausbildung entspricht, zu weniger als 50 Prozent ausüben kann.

Prüfen Sie in jedem Fall, was Sie von der gesetzlichen Rentenversicherung bekämen, wenn Sie heute berufsunfähig würden. Diese Leistung enthält eine wirklich soziale Komponente, denn würden Sie heute berufs- oder erwerbsunfähig, dann berechnete sich die Rente so, als ob Sie schon bis zum 55. Lebensjahr gearbeitet hätten, darüber hinaus noch ein Drittel bis zum 60. Lebensjahr. Sie müssen allerdings einen Anspruch auf diese Leistung haben. Den haben Sie, wenn Sie bereits 5 Jahre lang Pflichtbeiträge eingezahlt haben. Viele Frauen verlieren allerdings ihren Anspruch, weil sie Lücken in ihrem Rentenverlauf haben. Wie sieht es bei Ihnen aus? Auskunft geben unabhängige RentenberaterInnen oder die BfA/LVA.

Sind Sie Angestellte und haben 5 Jahre eingezahlt, haben Sie einen Anspruch. Dieser Anspruch bleibt Ihnen erhalten, solange Sie angestellt sind. Wenn Sie sich aber entschließen, sich selbständig zu machen, besteht die Möglichkeit, daß Sie nach zwei Jahren den Anspruch verlieren.

Mit freiwilligen Beiträgen können Sie sich den Schutz erhalten, wenn Sie folgende Bedingungen erfüllen:

Sie haben bis Ende 1983 fünf Jahre Beiträge eingezahlt und haben seit dem 1.1.1984 keine Lücke in Ihrem Rentenverlauf, das heißt, jeder Monat wurde mit einem Beitrag belegt – da reicht es, wenn nur der Mindestbeitrag eingezahlt wurde. Auch Zeiten der Arbeitslosigkeit lassen in den meisten Fällen keine Lücke entstehen. Sie können selber prüfen, wie es bei Ihnen aussieht. Fordern Sie einen Rentenverlauf an, wenn Sie bereits Anspruch (5 Jahre eingezahlt) haben. Sie können dann sehen, ob Lücken vorhanden sind. Auch für Hausfrauen kann es sinnvoll sein, sich diesen Schutz zu erhalten. Denn es wird bei Berufsunfähigkeit der letzte überwiegend als Angestellte ausgeübte Beruf zugrunde gelegt. Wenn Sie jetzt also wissen, was Sie von der gesetzlichen Rentenversicherung im Falle der Berufsunfähigkeit zu erwarten haben, sollten Sie sich ganz realistisch fragen, ob Sie Ihren Lebensstandard halten könnten (auch in der Annahme, daß Sie bei Berufsunfähigkeit noch etwas dazuverdienen könnten). Die Lücke können Sie nur mit einer privaten Berufsunfähigkeitsrente schließen. Sie ist nicht so leicht zu bekommen, denn alles, was bereits in Behandlung und nicht ausgeheilt ist, wird beim Schutz ausgeschlossen oder mit einem Risikobeitrag versehen. Auch spielt das

Eintrittsalter eine große Rolle – der Beitrag ist verhältnismäßig günstig bei jungen Frauen. Schwierigkeiten machen die Versicherungen, wenn eine Psychotherapie durchgeführt wurde. Das ist aus meiner Sicht einfach kurzsichtig, denn ohne Psychotherapie wären vielleicht organische Krankheiten aufgetreten. Ich sehe die Psychotherapie als eine Vorsorgemaßnahme. Wenn bei uns mehr Männer ebenfalls zur Psychotherapie gingen und das Ganze mit mehr Selbstverständlichkeit gehandhabt würde, hätten Frauen heute nicht so große Probleme, eine private Berufsunfähigkeitsrente nach einer Psychotherapie abzuschließen.

Mittlerweile gibt es Versicherungsunternehmen, die ihre Leistungen erweitert haben und die Berufsunfähigkeitsrente auch bei nachgewiesener Pflegebedürftigkeit zahlen.

Altersvorsorge

Was können Sie von der gesetzlichen Rentenversicherung erwarten? Es ist für Ihre weitere Planung wichtig, wie hoch Ihr Anspruch bei der gesetzlichen Rentenversicherung jetzt ist und mit welcher Leistung Sie im Alter rechnen könnten. Auf Seite 15–17 finden Sie Tabellen, die Ihnen einen kleinen Einblick geben. Sie werden aber sofort feststellen, daß es nicht möglich ist, allein von der gesetzlichen Rente zu leben. Die Rentnerin, die Politiker immer meinen, wenn sie behaupten: »Eins ist sicher – die Rente«, gibt es in Wirklichkeit so gut wie überhaupt nicht. Nur 1 Prozent der Rentnerinnen verfügt über eine gesetzliche Rente von 2 500 DM und mehr im Monat. 75 Prozent der Frauenrenten liegen unter 1 000 DM monatlich.

Noch ein Hinweis: Ich spreche hier immer von der gesetzlichen Rentenversicherung. Vielleicht sind Sie aber nicht versicherungspflichtig, weil Sie selbständig sind.

Vielleicht spielen Sie gerade mit dem Gedanken, sich selbständig zu machen, oder haben schon konkrete Pläne. Bevor Sie Ihren gesetzlichen Schutz aufgeben, sprechen Sie unbedingt mit der BfA/LVA oder einem/r RentenberaterIn, welche Folgen das für Sie hat. Denken Sie bitte daran, daß Sie nur bis zum 31.3. des laufenden Jahres für das zurückliegende Jahr freiwillige Beiträge einzahlen können, um sich zum Beispiel den Anspruch auf eine Berufsunfähigkeits- oder Erwerbsunfähigkeitsrente zu erhalten. Dort erfahren Sie auch, ob Sie die Bedingungen erfüllen, um sich mit freiwilligen Beiträgen den Anspruch auf eine Absicherung im Falle der Berufs- oder Erwerbsunfähigkeit erhalten zu können.

Vielleicht ist aber auch die gesetzliche Rentenversicherung für Sie gar kein Thema, weil Sie zu einem Versorgungswerk gehören, zum Beispiel als selbständige Architektin, Ärztin, Rechtsanwältin; es gibt sehr viele Versorgungswerke und natürlich auch noch die Beamtinnenversorgung. Die Beschreibung würde den Rahmen dieses Buches sprengen. Deshalb beschränke ich mich hier nur auf die gesetzliche Rentenversicherung der BfA/LVA. Das Versorgungswerk für KünstlerInnen – die KSK – ist der gleiche »Topf« wie die BfA. Wenn Sie also zu einem Versorgungswerk gehören, sollten Sie sich dort kundig machen.

Haben Sie eine Betriebsrente zu erwarten? Falls ja, wie hoch ist diese mit 60 oder 65 Jahren? Wann wird sie unverfallbar, das heißt, wann könnten Sie auch damit rechnen, wenn Sie das Unternehmen vor Rentenbeginn verlassen? In den meisten Fällen sind die Betriebsrenten nach 10 Jahren unverfallbar.

Als Ergänzung der gesetzlichen Rentenversicherung eignet sich die Altersvorsorge mit einer Lebensversicherung. Allen Kritikern zum Trotz gibt es keine sichere und steuerbegünstigte Möglichkeit, für das Alter vorzusorgen, außer dem Abschluß einer Lebensversicherung.

Drei Arten von Lebensversicherungen mit zahllosen Varianten kommen für Sie in Frage:

1. die Kapital-Lebensversicherung auf den Todes- und Erlebensfall,
2. die private Rentenversicherung,
3. die fondsgebundene Lebensversicherung.

Nur eine Lebensversicherung bietet die Möglichkeit, eine Vorsorge zu treffen, die auch noch bei Berufsunfähigkeit erhalten bleibt. Ein Einschluß einer Beitragsbefreiung bei Berufsunfähigkeit ist möglich.

Die Kapital-Lebensversicherung auf den Todes- und Erlebensfall ist nur für junge Frauen zu empfehlen.

Wenn Sie über 40 Jahre alt sind, sollten Sie sich in jedem Fall für eine private Rentenversicherung entscheiden, denn je älter Sie werden, desto uninteressanter wird die klassische Kapital-Lebensversicherung, denn dort steht die Absicherung für den Todesfall im Vordergrund. Bereits ab der ersten Zahlung eines Beitrags würde im Todesfall die Versicherungssumme an Ihre Hinterbliebenen ausgezahlt werden. Wichtig ist aus meiner Sicht in Ihrem Fall aber, daß *Sie* Geld zur Verfügung haben für *Ihr* Leben. Häufig ist der Partner nicht auf das Geld im Todesfall angewiesen.

Die private Rentenversicherung gibt Ihnen schon heute die Zusage einer lebenslangen Rentenzahlung. Im Todesfall wird nur das eingezahlte Kapital an die Hinterbliebenen ausgezahlt. Es kann auch vereinbart werden, daß keine Zahlung im Todesfall erfolgt oder daß nicht nur das eingezahlte Kapital ausgezahlt wird, sondern auch noch die bis dahin angefallenen Überschüsse. Grundsätzlich gilt: Je weniger Sie an andere denken, desto besser wird es um Ihre Rente bestellt sein. Vielen

Frauen bleibt da gar keine Wahl, weil die Rentenaussichten so schlecht sind und nur wenig Kapital für die private Vorsorge aufgebracht werden kann.

Nur wenn Sie bereits eine sichere Basis für Ihr Alter geschaffen haben, sollten Sie sich mit dem Thema fondsgebundene Lebensversicherung befassen. Dort gibt es keine garantierten Leistungen, dafür aber die Chance, höhere Gewinne zu erzielen. Sie können aber auch Verluste machen. Sie haben keine feste Laufzeit, das heißt, Sie kommen jederzeit an Ihr Geld. Sinnvoll ist das allerdings überhaupt nicht, denn das Kapital soll ja im Alter zur Verfügung stehen. Warten Sie mindestens 12 Jahre mit dem Verkauf Ihrer Fonds-Anteile, so sind die Gewinne wie bei der klassischen Lebensversicherung und bei der Kapitalauszahlung bei der Rentenversicherung steuerfrei. Für die Steuerfreiheit ist es aber außerdem wichtig, daß Sie die Beiträge nicht auf einen Schlag eingezahlt haben, sondern laufend, das gilt für alle Lebensversicherungen (5 Jahresbeiträge genügen). Als klassische Altersvorsorge wird die fondsgebundene Lebensversicherung, wie sie in anderen Ländern an der Tagesordnung ist (ähnlich den englischen Lebensversicherungen), nicht anerkannt, sie kann also nicht bei den Sonderausgaben geltend gemacht werden.

Bei allen Lebensversicherungen ist der Einschluß einer Dynamik möglich. Das Argument der Versicherungen lautet: Der Kaufkraftverlust wird damit aufgefangen. »Dynamik« heißt bei der Lebensversicherung aber nichts anderes, als daß jedes Jahr ein kleiner Neuvertrag abgeschlossen wird – mit neuem Eintrittsalter und neuen Abschlußkosten. Über Ihr 40. Lebensjahr hinaus ist diese Vorgehensweise bei der Lebensversicherung mit Todesfallschutz besonders schlecht, denn dann zahlen Sie für jeden Kleinstabschluß immer höhere Beiträge und machen sich Ihre Rendite kaputt. Der einzige Vorteil der Dynamik ist, daß keine Gesundheitsprüfung erfolgt. Diese ist jedoch nur erforderlich, wenn es um eine Todesfallabsicherung geht. Die private Rentenversicherung kennt keine Gesundheitsprüfung. Wenn es also in der Lebensversicherung sowieso keine kostenfreie Erhöhung gibt, so sind Sie auch ganz frei in Ihrer Entscheidung. Möchten Sie Ihre Altersvorsorge mit einer Lebensversicherung aufstocken, dann sollten Sie sich nicht an die Vorschläge der Versicherungen halten, sondern überlegen:

1. Was möchte ich monatlich anlegen
2. Was brauche ich im Alter? (heutiger Stand ganz grob gerechnet – für 130 000 DM könnten Sie ab dem 65. Lebensjahr lebenslang ca. 1 000 DM gleichbleibende private Rente monatlich bekommen oder 700 DM, jährlich steigend.)
3. Bei welchem Anbieter kann ich den günstigsten Schutz erhalten?

Sind Sie Angestellte, so haben Sie eventuell (ArbeitgeberIn fragen) die Möglichkeit, eine Direktversicherung abzuschließen. Das ist für viele die einzige legale Möglichkeit, mit Versicherungen schon während der Laufzeit Steuern sparen zu können, da die Sonderausgaben bereits ausgeschöpft wurden.

Ohne Direktversicherung zahlen Sie Ihre Lebensversicherungsbeiträge von Ihrem bereits versteuerten Einkommen – von Ihrem Nettogehalt. Sie haben aber die Möglichkeit, wenn Ihr(e) ArbeitgeberIn mitmacht, den Beitrag (z. Zt. max. 284 DM im Monat oder 3 408 DM im Jahr) bereits von Ihrem Bruttogehalt abziehen zu lassen. So sparen Sie die Differenz zwischen der Pauschalsteuer (20 Prozent plus 7 Prozent Kirchensteuer [z. B. in Bayern] und Solidaritätszuschlag) und Ihrem Spitzensteuersatz. Es gibt dort noch einige Vorteile für Sie. Wenn also dieses Modell für Sie in Frage kommt, sollten Sie sich über dieses Thema informieren.

Hinterbliebenenabsicherung

Eine Absicherung für den Todesfall ist erforderlich, wenn ein Partner nach dem Tod des anderen vor finanziellen Problemen stehen würde. Sind also Schulden vorhanden, so sollten diese in jedem Fall finanziell abgesichert werden.

Prüfen Sie, wie lange der Risikozeitraum ist und wie hoch die Absicherung sein muß. Es hat in den meisten Fällen wenig Sinn, eine Todesfallabsicherung bis zum Rentenalter abzuschließen, wenn keine finanziellen Verpflichtungen auf den Partner oder die Partnerin zukommen. Je kürzer die Laufzeit einer Todesfallabsicherung ist, desto niedriger ist der Beitrag: Mein Tip: Lieber für einen kurzen Zeitraum (Risikozeit) eine wirklich finanzielle Absicherung, die in der Höhe ausreicht, als für das halbe Leben eine Minisumme, die dann vorne und hinten nicht ausreicht.

Es besteht die Möglichkeit, die Risikoversicherung während der Laufzeit in eine kapitalbildende Lebensversicherung zur Altersvorsorge umzuwandeln. Der einzige Vorteil besteht darin, daß keine erneute Risikoprüfung erfolgt. Ansonsten handelt es sich um einen Neuabschluß mit neuem Eintrittsalter und neuen Abschlußkosten.

Die gesetzliche Hinterbliebenenabsicherung ist sehr gering, da nur ein Teil der bis dahin angesammelten Altersrentenanwartschaften als Witwenrente ausgezahlt wird. Hat der Ehemann erst wenige Jahre und niedrige Beiträge eingezahlt, so kommt kaum eine Rente zustande. Das trifft umgekehrt auch auf die Ehefrau zu.

Hausratversicherung

Ob Sie Ihren Hausrat gegen Schäden durch Einbruch/Diebstahl, Leitungswasser, Feuer, Sturm/Hagel versichern, ist ganz allein Ihre Entscheidung, und im Schadensfall sind auch nur Sie betroffen. So lautet also die Frage: Könnten wir auch verschmerzen, daß unser Hausrat nicht mehr oder nur noch reduziert vorhanden ist? Wenn nicht, sollten Sie sich in jedem Fall eingehend mit dem Thema befassen. Machen Sie eine Aufstellung, was Ihr Hausrat wirklich wert ist. Stellen Sie sich die Frage: Was müßten wir heute ausgeben, wenn wir die Dinge neu beschaffen müßten? Wenn Ihr Hausrat abgesichert werden soll, dann aber auch perfekt, das heißt, Sie sollten weder unter- noch überversichert sein. Seit 1984 gibt es neue Bedingungen, einfaches Glas (z. B. in Schranktüren) und Fahrräder sind nicht mehr beitragsfrei mitversichert. Dafür besteht aber ein viel wichtigerer Schutz, und zwar zahlt die Versicherung auch bei Vandalismusschäden. Das ist wichtig, denn wird bei einem Einbruch nichts gefunden, was zu stehlen sich lohnt, zerstören die Täter häufig den Hausrat. In der Vergangenheit gab es sehr häufig im Schadensfall Ärger wegen Unterversicherung. Diesen Ärger können Sie sich ersparen, wenn Sie pro Quadratmeter Wohnfläche 1200 DM (bei wenigen Anbietern 1000 DM) Versicherungssumme wählen. Natürlich nur, wenn die Summe auch ungefähr dem Wert ihres Hausrates entspricht. Im Schadensfall prüft der Versicherer nicht, ob Unterversicherung vorliegt.

Glas muß extra versichert werden. Ob das sinnvoll ist, entscheiden Sie selbst. Ich halte wenig von Glasversicherungen. Aus meiner Sicht lieber einmal eine Scheibe selbst bezahlen als ständig einen Beitrag an die Versicherung. Fragen Sie sich, wie oft Sie in den vergangenen Jahren einen Glasschaden hatten, wie teuer die Reparatur war und ob Sie den nicht selbst hätten bezahlen können. Wenn Sie Zweifel haben, fragen Sie einen Glaser, wie teuer Ihre größte Fensterscheibe ist. Dann überlegen Sie, wie groß das Risiko eines Bruches ist.

Ob Sie ihr Fahrrad versichern, hängt davon ab, ob Sie bereit sind, kleinere Summen auch selber zu übernehmen, oder ob Sie immer eine Versicherung brauchen, die Ihren Schaden wiedergutmacht. Natürlich kommt es auch darauf an, wie groß das Risiko ist, daß Ihre Fahrräder gestohlen werden und wie wertvoll sie sind. Es ist unbedingt für die Abwicklung im Schadensfall erforderlich, daß Sie sich die Rahmennummer und das Fabrikat notieren. Besser noch ist ein Fahrradpaß, den Sie sich vom Händler ausstellen lassen. Der Diebstahl muß der Polizei gemeldet werden, und diese braucht auch die Daten, damit Sie Ihre Räder zurückerhalten, wenn sie gefunden werden sollten.

Rechtsschutzversicherung

Für viele die Lieblingsversicherung. Aus meiner Sicht gibt es zwei Versicherungszweige in der Rechtsschutzversicherung, die sinnvoll sind und von großem Nutzen sein können: die Verkehrsrechtsschutzversicherung und, wenn Sie in einer Mietwohnung wohnen, die Mietrechtsschutzversicherung.

Für viele hat aber der gesamte Rechtsschutz einen großen Stellenwert. Bei mir steht er an letzter Stelle. Da bei Selbständigen alle Vertragsangelegenheiten und Wettbewerbsfälle ausgeschlossen sind und mich das als einziges interessieren würde, habe ich auf diesen Schutz weitgehend verzichtet. Ich habe eine Verkehrsrechtsschutzversicherung und bin Mitglied beim Mieterverein und dort im Bereich Mietrechtsschutz versichert. Ich höre aber immer wieder von Kundinnen: »Wenn ich keine

Rechtsschutzversicherung gehabt hätte, hätte ich nicht geklagt. So hat die Versicherung alles bezahlt, und ich habe sogar recht bekommen.« Überlegen Sie vor dem Abschluß einer Rechtsschutzversicherung, warum Sie glauben, diesen Schutz zu brauchen. Klären Sie ab, ob die Dinge, an die Sie denken, auch wirklich versichert sind. Wenn noch kein Rechtsstreit begonnen hat und Sie der Meinung sind, daß diese Versicherung für sie wichtig ist, so sollten Sie nicht auf mich hören und den Abschluß tätigen. Sie brauchen nur einen Vertrag für Ehepartner.

Ehefrau und Mutter

Immer wieder wird uns Frauen eingeredet, daß die beste Rolle für uns die der Ehefrau und Mutter sei. Doch wenn eine Frau sich entscheidet, diese Rolle zu übernehmen, so steht sie gleich mehreren Problemen gegenüber. Möchte sie ihrer Familie voll gerecht werden, so muß sie ihre Berufstätigkeit aufgeben und ist dann finanziell völlig auf den Mann angewiesen. Er verdient das Geld, und er bestimmt auch, wieviel davon für den Haushalt verwendet werden kann. In den seltensten Fällen wird die Arbeit der Mutter und Hausfrau über den Rahmen eines Taschengeldes hinaus vergütet.

Auch eine eigenständige Altersvorsorge findet selten statt, da kein eigenes Einkommen zur Verfügung steht. Häufig wird den Frauen weisgemacht, daß sie durch den Mann abgesichert seien. In der Praxis sieht es anders aus. Eine sichere Altersvorsorge ist die Ehe in den wenigsten Fällen. Das ist häufig weder den Ehemännern noch den Ehefrauen bewußt.

Ist die Frau berufstätig, so verdient sie zwar eigenes Geld, ist aber oft bei dem Bemühen, alles unter einen Hut zu bekommen – das Wohl des Ehemannes und das der Kinder –, gezwungen, beruflich zurückzustecken, das heißt, auf Gehalt zu verzichten. Sie ist die Problemlöserin, und es bleibt ihr in vielen Fällen nichts anderes übrig, als auf einen Teil der Berufstätigkeit zu verzichten. Ein Ehemann und Vater ist in keiner Weise gehindert, im Beruf aufzusteigen, mehr zu verdienen und somit besser abgesichert zu sein. Ein Frauenleben ist reicher durch die vielen Möglichkeiten, die es bietet: Beruf und Familie oder auch nur intensives Familienleben. Finanziell rechnet sich das aber nicht.

Wie sieht die Versicherungssituation aus?

Krankenversicherung

Die übliche Form der Krankenversicherung für Familien mit Kindern, in denen die Ehefrau nicht berufstätig ist, ist die gesetzliche Krankenversicherung, in der die Familienangehörigen mit einem Einkommen unter 590 DM im Monat kostenfrei mitversichert werden können. Sind Sie als Ehefrau selbst berufstätig, entweder in einem »richtigen« Arbeitsverhältnis mit einem Verdienst über 590 DM in den alten bzw. 500 DM in den neuen Bundesländern monatlich, so haben und brauchen Sie einen eigenen Krankenversicherungschutz. Verdienen Sie als Angestellte im Jahr 72 000 DM in den alten bzw. 61 200 DM brutto in den neuen Bundesländern (1996), so können Sie freiwillig in der gesetzlichen Krankenkasse versichert bleiben. Sie haben aber auch die Möglichkeit, in die private Krankenversicherung zu wechseln. Dieser Schritt muß gründlich überlegt werden.

Als Selbständige haben Sie immer die Wahl – wenn Sie gesund sind –, in die private Krankenversicherung zu wechseln.

Außer dem Vollschutz in der gesetzlichen oder privaten Krankenversicherung sollten Sie als Berufstätige unbedingt die Höhe Ihrer Verdienstausfallversicherung im Auge behalten. Entspricht das Tagegeld dem Nettoeinkommen? Denn die Kosten laufen auch bei langer Krankheit weiter.

Prüfen Sie bitte auch, welche Kosten Ihre Krankenversicherung übernimmt, wenn Ihr Kind ins Krankenhaus muß und Sie es begleiten wollen. Unter welchen Umständen ist das möglich? Bis zu welchem Alter und wie lange?

Sind beide Eltern privat versichert, wird das Kind häufig bei dem Unternehmen versichert, bei dem auch die Person versichert ist (Vater oder Mutter), die das Kind bei einem Krankenhausaufenthalt begleiten würde.

Für gesetzlich Krankenversicherte ist eine Reisekrankenversicherung, die das ganze Jahr gilt, sehr zu empfehlen. Es geht hier nicht nur um den Versicherungsschutz außerhalb Europas, sondern auch um den Rücktransport aus dem Ausland, wenn dort eine Behandlung nur eingeschränkt oder gar nicht möglich ist. Aber auch für Reisen innerhalb Europas lohnt sich dieser Schutz, zum einen wegen des Rücktransports, zum anderen, weil die ganze Abwicklung mit dem Auslandskrankenschein sehr mühsam ist. Viele Ärzte akzeptieren ihn nicht und wollen Bargeld. Jedes einzelne Familienmitglied ist auch versichert, wenn es sich nicht um eine gemeinsame Reise handelt.

Vorteile bietet eine Krankenhauszusatzversicherung für diejenigen, die großen Wert darauf legen, im Krankenhaus als Privatpatientin behandelt zu werden. Das ist kein Luxus, sondern kann im Einzelfall auch wichtig für den Gesundungsprozeß sein. Mit der Zusatzversicherung haben Sie auch die freie Wahl des Krankenhauses und des behandelnden Arztes. Sie können also zum Spezialisten Ihrer Wahl gehen. Nicht jeder mag mit fremden Menschen in einem Zimmer liegen. Das Problem ist aber nicht mehr so groß, seit es in vielen Krankenhäusern ohnehin nur noch Zwei- bis max. Dreibettzimmer gibt.

Zahnzusatzversicherungen

Seit der Gesundheitsreform wird Zahnersatz für gesetzlich Versicherte teuer. 50 Prozent der Kosten für Zahnersatz und damit in Zusammenhang stehende zahnärztliche Leistungen werden von der Kasse übernommen. Eine höhere Leistung (60 Prozent) erhalten nur diejenigen, die nachweisen können, daß sie regelmäßig Vorsorge betrieben haben (Bonusheft). Auch wird nur für sogenannten einfachen Zahnersatz geleistet. Die Lücke können Sie mit einer Zahnzusatzversicherung schließen. Viele dieser Zahnzusatzversicherungen ermöglichen Ihnen, in keinem Fall mehr als 20 Prozent Eigenanteil zu behalten, das heißt, 80 Prozent der Zahnersatzkosten werden übernommen; höhere Absicherung ist möglich. Allerdings hat es wenig Sinn, den Versuch zu starten, einen solchen Zusatzschutz zu erhalten, wenn der Zahnarzt bereits darauf hingewiesen hat, daß eine Zahnsanierung erforderlich ist. Bei Abschluß müssen die Zähne in Ordnung sein. Am besten, Sie lassen sich vor Abschluß einer solchen Zahnzusatzversicherung von Ihrem Zahnarzt einen Zahnstatus erstellen. So kann es im Leistungsfall keine Mißverständnisse geben.

Pflegekostenversicherung

Pflegearbeit ist Frauenarbeit, so war es immer und könnte es nach Meinung vieler Männer auch bleiben. Pflege kostet aber viel Geld und noch mehr Kraft. Frauen verfügen nachweislich über weniger Geld als Männer, und auch ihre Kraft ist begrenzt. Der Anteil der Frauen in Pflegeheimen ist unverhältnismäßig hoch, und leider auch die Zahl der Sozialfälle. Frauen leben länger – das heißt aber noch lange nicht: bis ans Ende ihres Lebens gesund und finanziell abgesichert.

Der größte Teil der Bevölkerung (ca. 80 Prozent) wird im Pflegefall zu Hause von Verwandten und Bekannten gepflegt. Ist kein Geld vorhanden, um die Pflegekosten zu bezahlen, werden die Kinder zur Kasse gebeten.

Egal ob die Pflege im Heim oder zu Hause durchgeführt wird, eine Fachkraft ist erforderlich, und das ist aus meiner Sicht auch gut so. Die Pflege eines Schwerstpflegebedürftigen überfordert Laien und ruiniert nicht selten die Gesundheit der Pflegenden. Pflege kostet Geld. Für einen Pflegeplatz sind heute Summen von 5 000 DM monatlich und mehr keine Seltenheit. Bereits heute haben wir geschätzt 1,64 Millionen Pflegefälle in Deutschland. Die Tendenz ist leider steigend. Das sogenannte Blüm-Modell sieht eine Pflichtversicherung für alle vor. Alle Menschen, die in Deutschland krankenversichert sind, müssen sich seit dem 1.1.95 auch für den Pflegefall versichern. Statt der zunächst geplanten »Volksversicherung« für alle in einer gesetzlichen Versicherung gilt jetzt das Prinzip: »Pflegeversicherung folgt Krankenversicherung«. Gesetzlich Versicherte versichern sich gesetzlich gegen das Pflegerisiko, privat Versicherte tun das privat. Nur die freiwillig gesetzlich Versicherten hatten eine Wahlmöglichkeit, denn sie konnten sich ebenfalls für die private Pflegeversicherung entscheiden. Die Leistungen beider Systeme unterscheiden sich nicht, allenfalls wird es einige Unterschiede hinsichtlich Auslegung und Bürokratie geben.

Wie sieht die Pflicht-Pflegeversicherung aus?

a) häusliche Pflege (seit 1.4.95)

	Pflegesachleistungen	Pflegegeld
– Erheblich Pflegebedürftige (Stufe I)	750 DM	400 DM
– Schwerpflegebedürftige (Stufe II)	1 800 DM	800 DM
– Schwerstpflegebedürftige (Stufe III)	2 800 DM	1 300 DM

b) stationäre Pflege (seit 1.7.96)

- Für pflegebedingte Aufwendungen werden maximal 2800 DM gezahlt. Unterkunft und Verpflegung sind ausgeschlossen.
- Die Kosten für Unterkunft und Verpflegung trägt die Pflegebedürftige selbst.
- Die Leistungen der privaten Pflegeversicherungen werden zur Zeit den verbesserten Leistungen der sozialen Pflegeversicherung angepaßt.

In der gesetzlichen Pflegeversicherung ist die nicht berufstätige Ehefrau beitragsfrei mitversichert. In der privaten Pflegeversicherung zahlt sie den halben Beitrag. Kinder sind immer beitragsfrei mitversichert.

Die Gelder werden nicht ausreichen, sondern wie bei allen gesetzlichen Absicherungen, die existieren, nur eine Basis bilden. Es bleibt also nur die Ergänzung durch eine private Pflegeversicherung. Je früher diese abgeschlossen wird, desto niedriger sind die Beiträge. Es gibt da mehrere Modelle, die im Abschnitt »Pflegeversicherung« erklärt werden.

Der Abschluß ist nur möglich, wenn keine ernsthaften Erkrankungen vorliegen.

Kfz-Versicherung

Haben Sie ein eigenes Auto, so brauchen Sie eine Kfz-Haftpflichtversicherung, bevor sie mit dem Auto die Straßen befahren. Das ist gut so. Gerade im Straßenverkehr wird viel Schaden angerichtet. Da geht es nicht nur darum, daß Sie für jeden Schaden haften, den Sie im Zusammenhang mit dem Gebrauch des Autos anrichten; auch für den Geschädigten wäre es katastrophal, wenn kein Geld zur Verfügung stünde. Schwerverletzte, die eventuell ihren Beruf nicht mehr ausüben könnten, oder Hinterbliebene würden leer ausgehen. Ganz davon abgesehen, daß für den Geschädigten die Wiederbeschaffung eines Autos kaum möglich wäre. Die Kfz-Haftpflichtversicherung ist also mit Recht eine Pflichtversicherung, und Sie sollten den höchstmöglichen Schutz wählen – unbegrenzt.

Bei der Teilkaskoversicherung geht es nicht um Schäden, die Sie anrichten, sondern um Schäden, die Ihr Auto betreffen, zum Beispiel Glasbruch, Diebstahl etc. Diese Versicherung ist ziemlich preiswert zu haben, Sie sollten aber eine Selbstbeteiligung von 300 DM pro

Schaden wählen, sonst ist der Beitrag unverhältnismäßig hoch.

Bei der Vollkaskoversicherung geht es nur um das Blech Ihres Autos. Anscheinend wird dem aber mehr Beachtung geschenkt als der eigenen Person. Vernünftigerweise sollten nur neue Autos (bis zu 2 Jahre alt) dort versichert werden. Es geht ja nur um den großen Schaden. Viele schaffen allerdings den Ausstieg schwer – immer nach dem Motto: »Wenn ich morgen einen Totalschaden habe, fehlt mir das Geld für ein Auto.« Ich gehöre auch dazu, und es fällt mir immer wieder schwer, meine Vollkaskoversicherung aufzugeben. Vier Jahre habe ich mir selbst als Limit gesetzt. Wenn Sie ein Auto kaufen, das schon einige Jahre alt ist, können Sie von Anfang an auf die Vollkaskoversicherung verzichten.

Gern verkaufen die Versicherungen im Zusammenhang mit der Kfz-Versicherung eine Insassenunfallversicherung und betonen den Schutz für die Familie. Welche Familie verbringt aber 24 Stunden im Auto? Sinnvoll ist eine private Unfallversicherung, die rund um die Welt gilt, und nicht nur im Auto. Die Insassenversicherung gehört zu den unwichtigsten Versicherungen überhaupt. Autoinsassen, denen durch Ihr Verschulden etwas passiert, sind durch Ihre Kfz-Haftpflicht versichert. Wird den Insassen durch das Verschulden eines anderen Verkehrsteilnehmers ein Leid zugefügt, so haftet dieser.

Die Kfz-Versicherung als Pflichtversicherung für AutofahrerInnen wird von vielen Unternehmen als »Türöffner« benutzt, um hinterher allerlei Versicherung verkaufen zu können. Die Unternehmen locken mit Billigangeboten für verschiedene Kundengruppen. Da gibt es Tarife für Frauen, GaragenbesitzerInnen, WenigfahrerInnen, KleinwagenbesitzerInnen. Diese Angebote sind z. T. mit Vorsicht zu genießen, denn werden die Vorgaben nicht eingehalten, führt das in einigen Fällen zu finanziellen Einbußen bei der Schadensregulierung. So leisten einige Anbieter nicht voll, wenn ein Mann das Auto gefahren hat und ein Frauentarif abgeschlossen wurde. Es ist also erforderlich, vor Abschluß die Bedingungen ganz genau durchzulesen.

Private Haftpflichtversicherung

Eine Versicherung, die sinnvollerweise eine Pflichtversicherung sein sollte. Es passiert so schnell etwas. Eine Sekunde Unachtsamkeit kann zum finanziellen Ruin führen: Sie fügen einer anderen Person einen Schaden zu, übersehen zum Beispiel als Radfahrerin einen Fußgänger. Es geht hier wirklich nicht um die kleinen Ungeschicklichkeiten, beispielsweise um den Ersatz des ruinierten Rocks der Freundin; dieser Schaden würde Ihr Leben nicht verändern. Es geht um viel mehr. Denn Schäden können leicht die Millionengrenze überschreiten. Da muß nicht gleich an einen Großbrand gedacht werden. Für mich ist meine private Haftpflichtversicherung (und als Geschäftsfrau meine berufliche Haftpflicht auch) eine Art »Rechtsschutzversicherung«, die mich vor Forderungen anderer schützt, denn notfalls geht das Versicherungsunternehmen vor Gericht, um ungerechtfertigte Ansprüche abzuwehren. Sind die Ansprüche gerechtfertigt und versichert, so zahlt die Versicherung auch.

Nicht versichert sind Schäden an geliehenen, geleasten, gepachteten und gemieteten Sachen. Diese werden versicherungstechnisch so behandelt, als ob es Ihre eigenen wären.

Schwierigkeiten gibt es in jedem Fall, wenn Sie, bevor die Versicherung sich mit dem Fall beschäftigen konnte, die Zusage geben, daß bezahlt wird. Sagen Sie also nicht: »Das bezahlt meine Versicherung«, sondern: »Das übergebe ich meiner Versicherung.« Auf Unverständnis stößt die Regelung, daß die Versicherung nicht bezahlen will, wenn es sich um ehrenamtliche Tätigkeiten handelt. Ein Beispiel: Sie helfen Ihrer Freundin aus Gefälligkeit im Laden beim Auszeichnen der Ware. Dabei beschädigen Sie ein wertvolles Tablett. Ihre Freundin will jetzt den Schaden von Ihnen ersetzt haben. Ihre Haftpflichtversicherung geht davon aus, daß, wenn Sie kostenlos für jemanden arbeiten, dort kein Anspruch an Sie gestellt wird, denn schließlich übernehmen Sie die Arbeit nicht gegen Bezahlung und sind nicht beruflich dort tätig. Wären Sie als Verkäuferin dort tätig, könnte die Inhaberin des Ladens den Schaden ihrer Betriebshaftpflicht melden.

Anders sieht es aus, wenn Sie den Hund Ihrer Nachbarin aus Gefälligkeit spazierenführen. Die Hundehalter-Haftpflichtversicherung (unbedingt erforderlich) zahlt dann für Schäden, die der Hund anrichtet.

Wenn Sie selbständig sind, sollten Sie überlegen, ob Sie in Ausübung Ihres Berufes einer Person oder einer Sache einen Schaden zufügen könnten. Wenn ja, so ist eine Berufs-(Betriebs-)Haftpflichtversicherung erforderlich. Auch hier gilt, daß geliehene, geleaste, gepachtete und gemietete Sachen nicht automatisch mitversichert sind. Eine Absicherung ist aber möglich.

Eine große Enttäuschung können Sie auch erleben, wenn Ihr Kind (noch keine 7 Jahre alt) einen Schaden anrichtet. Ein Kind in dem Alter kann nicht haftbar gemacht werden. Die Versicherung zahlt nur, wenn Sie oder Ihr Mann schuld sind, das heißt, die Aufsichtspflicht verletzt haben.

Unfallversicherung

Sind Sie in einem Arbeitsverhältnis tätig, als Angestellte oder Arbeiterin, so sind Sie über Ihre(n) ArbeitgeberIn bei der Berufsgenossenschaft versichert. Ihr Arbeitgeber oder Ihre Arbeitgeberin zahlt die Beiträge für diese gesetzliche Unfallversicherung allein. Haben Sie keine(n) ArbeitgeberIn, so können Sie sich freiwillig bei der Berufsgenossenschaft melden und sich dort versichern. Der Schutz ist umfangreich und zu empfehlen, allerdings mit einer minimalen Summe.

Auch Ihr Kind ist als SchülerIn, StudentIn oder im Kindergarten gesetzlich gegen Unfall versichert. Auch der direkte Weg dorthin und wieder nach Hause ist mitversichert.

Die weitaus meisten Unfälle passieren aber in der Freizeit, ganz besonders gefährlich ist der Arbeitsplatz im Haushalt. Eine private Unfallversicherung ist also empfehlenswert. Sie sollten aber auf alles Beiwerk wie Todesfallabsicherung, Krankenhaustagegeld und Genesungsgeld, kosmetische Operationen etc. verzichten. Wichtig ist die Absicherung für den Fall der Invalidität, denn dann wird viel Kapital benötigt. Da geht es um Beträge von bis zu einer halben Million Mark und mehr. Denn dieses Kapital muß ja bis zum Ende Ihres Lebens reichen und Ihnen ein Leben als Invalide ermöglichen. So grausam es klingt – invalide zu sein ist ein schweres Los und ohne Geld kaum zu bewältigen.

Häufig wird der Fehler gemacht, daß für Kinder eine zu niedrige Invaliditätssumme vereinbart wird. Aber gerade ein Kind hat noch ein langes ungesichertes Leben vor sich, und es muß bei Invalidität sehr viel Geld zur Verfügung stehen. Je jünger ein Mensch ist, desto länger muß die Invaliditätssumme reichen.

Die Beiträge bei den Unfallversicherungen werden, je nachdem, ob Sie einen kaufmännischen oder handwerklichen Beruf ausüben, nach der Gefahrengruppe A oder B aufgeteilt. Viele Versicherungsunternehmen versichern alle Frauen in der Gruppe A. Kinder haben bis zum 18. Lebensjahr einen besonders günstigen Tarif.

Schließen Sie keine Versicherungen mit Beitragsrückgewähr ab. Sie zahlen einen normalen Risikobeitrag wie bei anderen Unfallversicherungen auch und noch einen zusätzlichen Beitrag, den Sie – wenn kein Schadensfall eintritt – zurückerhalten. Das ist kein gutes Geschäft. Unfallversicherungen sind keine Kapitalanlagen – dagibt es anderswo mehr Zinsen. Bei der Unfallversicherung gibt es keine Doppelversicherung. Alle abgeschlossenen Unfallversicherungen zahlen im Schadensfall, ohne daß eine Verrechnung stattfindet.

Berufsunfähigkeitsrente/Erwerbsunfähigkeitsrente

In vielen Ehegemeinschaften gründet sich der Lebensstandard auf das Einkommen des Mannes und der Frau. Aus diesem Grund ist es wichtig, beide Einkommen für den Fall der Berufsunfähigkeit absichern. Der Beruf »Hausfrau« wird allerdings von den meisten Versicherungen nicht als solcher anerkannt und ist schwer gegen den Verlust der Arbeitskraft durch Krankheit oder Unfall abzusichern. Wie würde es bei Ihnen aussehen, wenn Sie berufsunfähig bzw. erwerbsunfähig wären? Die gesetzliche Rentenversicherung macht da einen Unterschied. Erwerbsunfähig sind alle, die in keiner Weise mehr einen Beruf ausüben können. Als berufsunfähig gilt, wer infolge von Krankheit oder anderer Gebrechen seinen momentanen Beruf oder einen anderen Beruf, der seinen Fähigkeiten und seiner Ausbildung entspricht, zu weniger als 50 Prozent ausüben kann.

Prüfen Sie in jedem Fall, was Sie von der gesetzlichen Rentenversicherung bekämen, wenn Sie heute berufsunfähig würden. Diese Leistung enthält eine wirklich soziale Komponente, denn würden Sie heute berufs- oder erwerbsunfähig, dann berechnet sich die Rente so, als ob Sie schon bis zum 55. Lebensjahr gearbeitet hätten, darüber hinaus noch ein Drittel bis zum 60. Lebensjahr. Sie müssen allerdings einen Anspruch auf diese Leistung haben. Den haben Sie, wenn Sie bereits 5 Jahre lang Pflichtbeiträge eingezahlt haben. Viele Frauen verlieren allerdings ihren Anspruch, weil sie Lücken in ihrem Rentenverlauf haben. Wie sieht es bei Ihnen aus? Auskunft geben unabhängige RentenberaterInnen oder die BfA/LVA. Sind Sie Angestellte und haben 5 Jahre eingezahlt, haben Sie einen Anspruch. Dieser Anspruch bleibt Ihnen erhalten, solange Sie angestellt sind. Wenn Sie sich aber entschließen, sich selbständig zu machen, besteht die Möglichkeit, daß Sie nach zwei Jahren den Anspruch verlieren.

Mit freiwilligen Beiträgen können Sie sich den Schutz erhalten, wenn Sie folgende Bedingungen erfüllen:

Sie haben bis Ende 1983 fünf Jahre Beiträge eingezahlt und haben seit 1.1.1984 keine Lücken in Ihrem Rentenverlauf, das heißt, jeder Monat wurde mit einem Beitrag belegt – da reicht es, wenn nur der Mindestbeitrag von 113,28 DM in den alten bzw. 96 DM in den neuen Bundesländern (1996) eingezahlt wurde. Auch Zeiten der Arbeitslosigkeit lassen in den meisten Fällen keine Lücken entstehen. Kinder schließen Lücken bis zu 10 Jahren. Seit 1.1.92 können Sie sich mit der Zahlung von freiwilligen Beiträgen Zeit lassen, bis Ihr jünstes Kind 10 Jahre alt ist. Sie können selbst prüfen, wie es bei Ihnen aussieht, fordern Sie einen Rentenverlauf an, wenn Sie bereits Anspruch (5 Jahre eingezahlt) haben. Sie können dann sehen, ob Lücken vorhanden sind. Auch für Hausfrauen kann es sinnvoll sein, sich diesen Schutz zu erhalten. Denn es wird bei Berufsunfähigkeit der letzte überwiegend als Angestellte ausgeübte Beruf zugrunde gelegt.

Wenn Sie jetzt also wissen, was Sie von der gesetzlichen Rentenversicherung im Falle der Berufsunfähigkeit zu erwarten haben, sollten Sie sich ganz realistisch fragen, ob Sie Ihren Lebensstandard halten können (auch in der Annahme, daß Sie bei Berufsunfähigkeit noch etwas dazuverdienen können). Die Lücke können Sie nur mit einer privaten Berufsunfähigkeitsrente schließen. Sie ist nicht so leicht zu bekommen, denn alles, was bereits in Behandlung und nicht ausgeheilt ist, wird beim Schutz ausgeschlossen oder mit einem Risikobeitrag versehen. Auch spielt das Eintrittsalter eine große Rolle – der Beitrag ist verhältnismäßig günstig bei jungen Frauen. Schwierigkeiten machen die Versicherungen, wenn eine Psychotherapie durchgeführt wurde. Das ist aus meiner Sicht einfach kurzsichtig, denn ohne Psychotherapie wären vielleicht organische Krankheiten aufgetreten. Ich sehe die Psychotherapie als eine Vorsorgemaßnahme. Wenn bei uns mehr Männer ebenfalls zur Psychotherapie gingen und das Ganze mit mehr Selbstverständlichkeit gehandhabt würde, hätten Frauen heute nicht so große Probleme, eine private Berufsunfähigkeitsrente nach einer Psychotherapie abzuschließen.

Mittlerweile gibt es Versicherungsunternehmen, die ihre Leistungen erweitert haben und die Berufsunfähigkeitsrente auch bei nachgewiesener Pflegebedürftigkeit zahlen.

Altersvorsorge

Was können Sie von der gesetzlichen Rentenversicherung erwarten? Es ist für Ihre weitere Planung wichtig, wie hoch Ihr Anspruch bei der gesetzlichen Rentenversicherung jetzt ist und mit welcher Leistung Sie im Alter rechnen könnten.

Auf den Seiten 15–17 finden Sie Tabellen, die Ihnen

einen kleinen Einblick geben. Sie werden sofort feststellen, daß es nicht möglich ist, allein von gesetzlichen Renten zu leben. Die Rentnerin, die Politiker immer meinen, wenn sie behaupten: »Eins ist sicher – die Rente«, gibt es in Wirklichkeit so gut wie überhaupt nicht.

Nur 1 Prozent der Rentnerinnen verfügt über eine gesetzliche Rente von 2 500 DM und mehr im Monat. 75 Prozent der Frauenrenten liegen unter 1 000 DM monatlich.

Noch ein Hinweis: Ich spreche hier immer von der gesetzlichen Rentenversicherung. Vielleicht sind Sie aber nicht versicherungspflichtig, weil Sie selbständig sind. Vielleicht spielen Sie gerade mit dem Gedanken, sich selbständig zu machen, oder haben schon konkrete Pläne. Bevor Sie Ihren gesetzlichen Schutz aufgeben, sprechen Sie unbedingt mit der BfA/LVA oder einem(r) RentenberaterIn, welche Folgen das für Sie hat. Denken Sie bitte daran, daß Sie nur bis zum 31.3. des laufenden Jahres für das zurückliegende Jahr freiwillige Beiträge einzahlen können, um sich zum Beispiel den Anspruch auf eine Berufsunfähigkeits- oder Erwerbsunfähigkeitsrente zu erhalten. Dort erfahren Sie auch, ob Sie die Bedingungen erfüllen, um sich mit freiwilligen Beiträgen den Anspruch auf eine Absicherung im Falle der Berufs- oder Erwerbsunfähigkeit erhalten zu können.

Vielleicht ist aber auch die gesetzliche Rentenversicherung für Sie gar kein Thema, weil Sie zu einem Versorgungswerk gehören, zum Beispiel als selbständige Architektin, Ärztin, Rechtsanwältin; es gibt sehr viele Versorgungswerke und natürlich auch noch die Beamtinnenversorgung. Die Beschreibung würde den Rahmen diese Buches sprengen. Deshalb beschränke ich mich hier nur auf die gesetzliche Rentenversicherung der BfA/LVA. Das Versorgungswerk für KünstlerInnen – die KSK – ist der gleiche »Topf« wie die BfA. Wenn Sie also zu einem

Versorgungswerk gehören, sollten Sie sich dort kundig machen.

Haben Sie eine Betriebsrente zu erwarten? Falls ja, wie hoch ist diese mit 60 oder 65 Jahren? Wann wird sie unverfallbar, das heißt, wann könnten Sie auch damit rechnen, wenn Sie das Unternehmen vor Rentenbeginn verlassen? In den meisten Fällen sind die Betriebsrenten nach 10 Jahren unverfallbar.

Als Ergänzung der gesetzlichen Rentenversicherung eignet sich die Altersvorsorge mit einer Lebensversicherung. Allen Kritikern zum Trotz gibt es keine sichere und steuerbegünstigte Möglichkeit, für das Alter vorzusorgen, außer dem Abschluß einer Lebensversicherung.

Drei Arten von Lebensversicherungen mit zahllosen Varianten kommen für Sie in Frage:

1. die Kapital-Lebensversicherung auf den Todes- und Erlebensfall,
2. die private Rentenversicherung,
3. die fondsgebundene Lebensversicherung.

Nur eine Lebensversicherung bietet die Möglichkeit, eine Vorsorge zu treffen, die auch noch bei Berufsunfähigkeit erhalten bleibt. Ein Einschluß einer Beitragsbefreiung bei Berufsunfähigkeit ist möglich.

Die Kapital-Lebensversicherung auf den Todes- und Erlebensfall ist nur für junge Frauen zu empfehlen.

Wenn Sie über 40 Jahre alt sind, sollten Sie sich in jedem Fall für eine private Rentenversicherung entscheiden, denn je älter Sie werden, desto uninteressanter wird die klassische Kapital-Lebensversicherung, denn dort steht die Absicherung für den Todesfall im Vordergrund. Bereits ab der ersten Zahlung eines Beitrages würde im Todesfall die Versicherungssumme an Ihre Hinterbliebenen ausgezalt werden. Wichtig ist aus meiner Sicht in Ihrem Fall aber, daß *Sie* im Alter Geld zur Verfügung haben für *Ihr* Leben.

Die private Rentenversicherung gibt Ihnen schon heute die Zusage einer lebenslangen Rentenzahlung. Im Todesfall wird nur das eingezahlte Kapital an die Hinterbliebenen ausgezahlt. Es kann auch vereinbart werden, daß keine Zahlung im Todesfall erfolgt oder daß nicht nur das eingezahlte Kapital ausgezahlt wird, sondern auch noch die bis dahin angefallenen Überschüsse. Grundsätzlich gilt: Je weniger Sie an andere denken, desto besser wird es um Ihre Rente bestellt sein. Vielen Frauen bleibt da gar keine Wahl, weil die Rentenaussichten so schlecht sind und nur wenig Kapital für die private Vorsorge aufgebracht werden kann.

Nur wenn Sie bereits eine sichere Basis für Ihr Alter geschaffen haben, sollten Sie sich mit dem Thema fondsgebundene Lebensversicherung befassen. Dort gibt es keine garantierten Leistungen, dafür aber die Chance, höhere Gewinne zu erzielen. Sie können aber auch Verluste machen. Sie haben keine feste Laufzeit, das heißt, Sie kommen jederzeit an Ihr Geld. Sinnvoll ist das allerdings überhaupt nicht, denn das Kapital soll ja im Alter zur Verfügung stehen. Warten Sie mindestens 12 Jahre mit dem Verkauf Ihrer Fonds-Anteile, so sind die Gewinne wie bei der klassischen Lebensversicherung und bei der Kapitalauszahlung bei der Rentenversicherung steuerfrei. Für die Steuerfreiheit ist es aber außerdem wichtig, daß Sie die Beiträge nicht auf einen Schlag eingezahlt haben, sondern laufend, das gilt für alle Lebensversicherungen (5 Jahresbeiträge genügen). Als klassische Altersvorsorge wird die fondsgebundene Lebensversicherung, wie sie in anderen Ländern an der Tagesordnung ist (ähnlich den englischen Lebensversicherungen), nicht anerkannt, sie kann also nicht bei den Sonderausgaben geltend gemacht werden.

Bei allen Lebensversicherungen ist der Einschluß einer

Dynamik möglich. Das Argument der Versicherungen lautet: Der Kaufkraftverlust wird damit aufgefangen. »Dynamik« heißt bei der Lebensversicherung aber nichts anderes, als daß jedes Jahr ein kleiner Neuvertrag abgeschlossen wird – mit neuem Eintrittsalter und neuen Abschlußkosten. Über Ihr 40. Lebensjahr hinaus ist diese Vorgehensweise bei der Lebensversicherung mit Todesfallschutz besonders schlecht, denn dann zahlen Sie für jeden Kleinstabschluß immer höhere Beiträge und machen sich Ihre Rendite kaputt. Der einzige Vorteil der Dynamik ist, daß keine Gesundheitsprüfung erfolgt. Diese ist jedoch nur erforderlich, wenn es um eine Todesfallabsicherung geht.

Die private Rentenversicherung kennt keine Gesundheitsprüfung. Wenn es also in der Lebensversicherung sowieso keine kostenfreie Erhöhung gibt, so sind Sie auch ganz frei in Ihrer Entscheidung.

Möchten Sie Ihre Altersvorsorge mit einer Lebensversicherung aufstocken, dann sollten Sie sich nicht an die Vorschläge der Versicherungen halten, sondern überlegen:

1. Was möchte ich monatlich anlegen?
2. Was brauche ich im Alter? (heutiger Stand ganz grob gerechnet – für 130 000 DM könnten Sie ab dem 65. Lebensjahr lebenslang 1 000 DM private Rente gleichbleibend bekommen oder 700 DM, jährlich steigend).
3. Bei welchem Anbieter kann ich den günstigsten Schutz erhalten?

Für viele Angestellten ist die einzige legale Möglichkeit, mit Versicherungen schon während der Laufzeit Steuern sparen zu können, die Direktversicherung, da die Sonderausgaben bereits ausgeschöpft sind. Ohne Direktversicherung zahlen Sie Ihre Lebensversicherungsbeiträge von Ihrem bereits versteuerten Einkommen – von Ihrem

Nettogehalt. Sie haben aber auch die Möglichkeit, wenn Ihr(e) ArbeitgeberIn mitmacht, den Beitrag (z. Zt. max. 284 DM im Monat oder 3408 DM im Jahr) bereits von Ihrem Bruttogehalt abziehen zu lassen. So sparen Sie die Differenz zwischen der Pauschalsteuer (20 Prozent plus 7 Prozent Kirchensteuer [z. B. in Bayern] und Solidaritätszuschlag) und Ihrem Spitzensteuersatz. Es gibt dort noch einige Vorteile für Sie. Wenn also dieses Modell für Sie in Frage kommt, sollten Sie sich über dieses Thema informieren.

Geben Sie Ihre Berufstätigkeit auf, um die Familienarbeit zu übernehmen, werden Sie in jedem Fall Einbußen bei Ihrer Rente hinnehmen müssen. Es besteht aber die Möglichkeit, mit einer einmaligen Zahlung diese Lücke weitgehend zu schließen. Ein bestimmter Betrag, mindestens 10 000 DM, wird in ein Depot bei einer Kapital-Lebensversicherung eingezahlt. Dieses Depot wird gut verzinst – in den meisten Fällen besser als bei der Bank. Fünf Jahre lang werden von diesem Depot Jahresbeiträge in die Versicherung eingezahlt, dann ist das Depot leer. Weitere Einzahlungen sind nicht erforderlich. Bereits nach 12 Jahren hat sich das Kapital mehr als verdoppelt. Die Auszahlung ist steuerfrei.

Viele Eltern legen das Kindergeld in einer Ausbildungsversicherung an, weil sie befürchten, daß sonst zuwenig Kapital vorhanden ist, um die Ausbildung der Kinder finanzieren zu können. Eine Möglichkeit vorzusorgen ist der Abschluß einer sogenannten Ausbildungsversicherung. Das ist eine spezielle Form der Lebensversicherung. Stirbt die Mutter oder der Vater (je nachdem, auf wen der Vertrag läuft) vor der Ausbildung, so fallen keine Beiträge mehr an, und die vollen Leistungen werden zum vereinbarten Termin ausgezahlt. Diese Versicherung wird auch Termfix-Versicherung genannt, weil sie zu einem bestimmten Termin ausgezahlt wird und vorher keine Leistungen erbracht werden. Wenn die sofortige Hinterbliebenenversicherung keine Rolle spielt, kann sie auch zur Altersvorsorge verwendet werden. Die Leistung im Erlebensfall wird nämlich an die Person ausgezahlt, die diese Versicherung abgeschlossen hat und als Bezugsberechtigte eingetragen ist. Das ist auch gut so, denn Sie können dann entscheiden, wofür das Geld eingesetzt werden soll.

Hinterbliebenenabsicherung

Von der Sorge getragen »Was wird aus meinem Kind, wenn ich sterbe?«, schließen viele Eltern eine Lebensversicherung ab, die im Todesfall für das Kind Kapital schaffen soll. Das passiert auch, wenn nur wenig Geld vorhanden ist. Es kommen jedoch nur geringe Summen zustande, wenn eine klassische Lebensversicherung gewählt wird.

Um ein Vielfaches günstiger ist eine Risiko-Versicherung, die nur im Todesfall zahlt. Dort kann mit einem ganz geringen Beitrag der Todesfall abgesichert werden. Es hat sowieso wenig Sinn, die Todesfallabsicherung bis zum Rentenalter zu vereinbaren.

Fragen Sie sich: Wieviel Kapital muß für mein Kind zur Verfügung stehen, wenn ich oder mein Mann sterben würde? Wie lange müßte eine Absicherung vorhanden sein?

Je kürzer die Zeit, desto günstiger ist dieser Schutz. Nehmen wir an, Ihr Kind ist jetzt 10 Jahre alt. Da würde es aus meiner Sicht reichen, wenn Sie die Risikoversicherung für 10 Jahre abschließen. Ihr Kind wäre dann voraussichtlich in der Lage, für den eigenen Lebensunterhalt zu sorgen.

Es besteht die Möglichkeit, die Risikoversicherung

während der Laufzeit in eine kapitalbildende Lebensversicherung zur Altersvorsorge umzuwandeln. Der einzige Vorteil besteht darin, daß keine erneute Risikoprüfung erfolgt. Ansonsten handelt es sich um einen Neuabschluß mit neuem Eintrittsalter und neuen Abschlußkosten.

Die gesetzliche Hinterbliebenenabsicherung ist sehr gering, da nur ein Teil der bis dahin angesammelten Altersrentenanwartschaft als Witwen- oder Waisenrente ausgezahlt wird. Wurden erst wenige Jahre Beiträge eingezahlt, so handelt es sich um Minirenten. Bei einem Jahreseinkommen von 40 000 DM und 10 Jahren beitragspflichtiger Berufstätigkeit wären das ca.80 DM monatliche Vollwaisenrente für die Kinder. Bei einem Einkommen von 60 000 DM und 10 Berufsjahren kommen dann nur ca. 335 DM Witwenrente zusammen (ohne Zurechnungszeiten).

Bei der Hinterbliebenenabsicherung sollte nicht nur dafür gesorgt werden, daß für die Kinder im Todesfall der Eltern Geld zur Verfügung steht, sondern auch dafür, daß die Mutter abgesichert ist, wenn sie weniger Geld als der Ehemann verdient. Könnte sie im Todesfall des Mannes die Familie allein ernähren? Sind Schulden vorhanden? Da das Einkommen des Mannes in den meisten Familien höher als das der Ehefrau ist, wird die Absicherung der Frau im Vordergrund stehen müssen.

Mir ist bewußt, daß es auch Familien gibt, in denen der Mann die Familienarbeit übernimmt und auch weniger verdient; dann steht natürlich seine Absicherung im Vordergrund.

Hausratversicherung

Ob Sie Ihren gemeinsamen Hausrat gegen Schäden durch Einbruch/Diebstahl, Leitungswasser, Feuer,

Sturm/ Hagel versichern, ist ganz allein Ihre Entscheidung, und im Schadensfall sind auch nur Sie betroffen. So lautet also die Frage: Könnte ich auch verschmerzen, daß mein Hausrat nicht mehr oder nur noch reduziert vorhanden ist? Wenn nicht, sollten Sie sich mit dem Thema befassen. Machen Sie eine Aufstellung, was Ihr Hausrat wirklich wert ist, vergessen Sie nicht die Dinge in den Schränken. Stellen Sie sich die Frage: Was müßte ich heute ausgeben, wenn wir die Dinge neu beschaffen müßten? Wenn Ihr Hausrat abgesichert werden soll, dann aber perfekt, das heißt, Sie sollten weder unter- noch überversichert sein. Seit 1984 gibt es neue Bedingungen. Einfaches Glas (z.B. in Schranktüren) und Fahrräder sind nicht mehr beitragsfrei mitversichert. Dafür besteht aber ein viel wichtigerer Schutz, und zwar zahlt die Versicherung auch bei Vandalismusschäden. Das ist wichtig, denn wird bei einem Einbruch nichts gefunden, was zu stehlen sich lohnt, zerstören die Täter häufig den Hausrat. In der Vergangenheit gab es sehr häufig im Schadensfall Ärger wegen Unterversicherung. Diesen Ärger können Sie sich ersparen, wenn Sie pro Quadratmeter 1 200 DM (bei wenigen Anbietern 1 000 DM) Versicherungssumme wählen. Natürlich nur, wenn die Summe auch ungefähr dem Wert Ihres Hausrates entspricht. Im Schadensfall prüft der Versicherer nicht, ob Unterversicherung vorliegt.

Glas muß extra versichert werden. Ob das sinnvoll ist, entscheiden Sie selbst. Ich halte wenig von Glasversicherungen. Aus meiner Sicht lieber eine Scheibe selber bezahlen als ständig einen Beitrag an die Versicherung. Fragen Sie sich, wie oft Sie in den vergangenen Jahren einen Glasschaden hatten, wie teuer die Reparatur war und ob Sie den nicht selber hätten zahlen können. Wenn Sie Zweifel haben, fragen Sie einen Glaser, wie teuer Ihre größte Fensterscheibe ist. Dann überlegen Sie, wie groß das Risiko eines Bruches ist.

Ob Sie die Fahrräder der Familie versichern, hängt davon ab, ob Sie bereit sind, kleinere Summen auch selber zu übernehmen, oder ob Sie immer eine Versicherung brauchen, die Ihren Schaden wiedergutmacht. Natürlich kommt es darauf an, wir groß das Risiko ist, daß Ihre Fahrräder gestohlen werden, und wie wertvoll sie sind.

Es ist wichtig, daß Sie sich die Rahmennummern und die Fabrikate notieren. Noch besser ist es, wenn Sie sich vom Händler Fahrradpässe geben lassen. Der Diebstahl muß der Polizei gemeldet werden, und diese braucht auch die Daten, damit Sie Ihre Fahrräder zurückerhalten, wenn sie gefunden werden sollten.

Rechtschutzversicherung

Für viele die Lieblingsversicherung. Aus meiner Sicht gibt es zwei Versicherungszweige in der Rechtschutzversicherung, die sinnvoll sind und von großem Nutzen sein können: die Verkehrsrechtsschutzversicherung und, wenn Sie in einer Mietwohnung wohnen, die Mietrechtsschutzversicherung. Für viele hat aber der gesamte Rechtschutz einen großen Stellenwert. Bei mir steht er an letzter Stelle. Da bei Selbständigen alle Vertragsangelegenheiten und Wettbewerbsfälle ausgeschlossen sind und mich das als einziges interessieren würde, habe ich auf diesen Schutz weitgehend verzichtet. Ich habe eine Verkehrsrechtsschutzversicherung und bin Mitglied beim Mieterverein und dort im Bereich Mietrechtsschutz versichert. Alle Familienstreitigkeiten sind von vornherein ausgeschlossen.

Ich höre aber immer wieder von Kundinnen: »Wenn ich keine Rechtsschutzversicherung gehabt hätte, hätte ich

nie gegen die Entscheidung einer anderen Versicherung geklagt. So hat die Versicherung alles bezahlt, und ich habe sogar recht bekommen.« Überlegen Sie vor dem Abschluß einer Rechtsschutzversicherung, warum Sie glauben, diesen Schutz zu brauchen. Klären Sie ab, ob die Dinge, an die Sie denken, auch wirklich versichert sind. Wenn noch kein Rechtsstreit begonnen hat und Sie der Meinung sind, daß diese Versicherung für Sie wichtig ist, so sollten Sie nicht auf mich hören und den Abschluß tätigen.

Eheähnliche Gemeinschaft

Wenn zwei Menschen zusammenleben, ohne daß sie verheiratet sind, so wird das als eheähnliche Gemeinschaft eingestuft. Dabei wird davon ausgegangen, daß es sich um einen Mann und eine Frau handelt. Die rechtlichen Vor- und Nachteile dieser Lebensform können hier nicht behandelt werden. Ich werde nur den Versicherungsteil übernehmen. Auch gehe ich nicht von der »klassischen« Form einer Gemeinschaft aus, sondern davon, daß sich zwei Menschen, egal welchen Geschlechts, zu einer häuslichen Gemeinschaft zusammenfinden.

Wie sieht die Versicherungssituation aus?

Für die meisten Frauen treffen die Informationen im Kapital »Alleinlebend, ohne Kind« oder »mit Kind« zu. Hier möchte ich nur auf ein paar Versicherungen hinweisen, die eine eheähnliche Gemeinschaft der Ehe gleichsetzen oder bei denen es etwas Besonderes zu beachten gibt.

Krankenversicherung

Die gesetzliche Krankenversicherung bietet in vielen Fällen die Möglichkeit, Familienangehörige beitragsfrei mitzuversichern. Das trifft auf unverheiratete Paare nicht zu. Auch nicht, wenn ein gemeinsames Kind da ist und die Frau ihre Berufstätigkeit aufgibt, um sich der Familienarbeit zu widmen. Das Kind kann allerdings unter Umständen in der gesetzlichen Krankenversicherung beim Vater oder bei der Mutter beitragsfrei mitversichert werden.

Private Haftpflicht

Sie brauchen nur eine gemeinsame private Haftpflichtversicherung, wenn Sie unter einer Adresse als Paar zusammenleben. Häufig sind jedoch zwei Verträge vorhanden. Sie können den zuletzt abgeschlossenen Vertrag kündigen, indem Sie auf die beitragsfreie Mitversicherungsmöglichkeit im Vertrag des Partners hinweisen. Der Versicherung, die dann für beide gelten soll, teilen Sie schriftlich den Namen Ihres Partners oder Ihrer Partnerin mit. Sie haben dann allerdings nicht die Möglichkeit, gegenseitig Ansprüche im Fall eines Schadens aneinander zu stellen, was ohnehin häufig Probleme bereitet.

Altersvorsorge

Auch wenn Sie Ihre Berufstätigkeit aufgeben oder einschränken, erhalten Sie im Trennungsfall nicht einen Pfennig von der gesetzlichen Rentenversicherung ihres Lebenspartners. Auch aus der eventuell zusammen angesparten Lebensversicherung erhalten Sie nichts, wenn der Vertrag auf Ihre(n) PartnerIn abgeschlossen wurde. Wenn Sie also in irgendeiner Weise auf Ihren Beruf zugunsten einer eheähnlichen Partnerschaft verzichten, sollten Sie unbedingt eine klare Vereinbarung treffen, wie Ihre Absicherung fürs Alter geregelt werden soll. Versorgungsmäßig stehen Sie nämlich wie eine alleinlebende Frau da und müssen selbst dafür sorgen, daß Sie eine eigene Absicherung fürs Alter haben.

Hinterbliebenenabsicherung

Eine gesetzliche Absicherung gibt es für Sie nicht, wenn Ihr(e) Partner sterben sollte. Haufig stehen Frauen in einer solchen Situation mittellos da. Sie sollten sich also Gedanken darüber machen, wie es ausehen würde, wenn Ihr(e) PartnerIn sterben würde, und das ganz besonders, wenn Sie finanziell abhängig sind oder gemeinsame Schulden haben. Wie lange müßten Sie abgesichert sein? Wie hoch müßte die Todesfallsumme sein, damit Sie nicht in Not geraten? Sorgen Sie dafür, daß eine Risikoversicherung auf das Leben Ihres Partners abgeschlossen wird. Am besten, Sie sind die Versicherungsnehmerin und zahlen auch die überaus niedrigen Beiträge (die kann Ihr[e] PartnerIn Ihnen ja erstatten, wenn er oder sie finanziell besser dasteht). Das hat den Vorteil, daß die Risikosumme an Sie steuerfrei ausgezahlt wird. Ihr(e) PartnerIn ist lediglich die versicherte Person. Wird der Vertrag jedoch ganz auf Ihre(n) PartnerIn abgeschlossen, so sollte ein unwiderrufliches Bezugsrecht im Todesfall zu Ihren Gunsten vereinbart werden. Ein normales Bezugsrecht kann jederzeit ohne Ihr Wissen vom Inhaber der Versicherung (Versicherungsnehmer) geändert werden.

Hausratversicherung

Wenn Sie einen gemeinsamen Hausrat haben, sollten Sie diesen auch gemeinsam versichern. Überlegen Sie, ob Ihr gemeinsamer Hausrat es wert ist, gegen Schäden durch Einbruch/Diebstahl, Leitungswasser, Feuer, Sturm/Hagel versichert zu sein.

In vielen Fällen überwiegen die immateriellen Dinge, die nicht wiederzubeschaffen sind. Entscheiden Sie sich allerdings für eine Hausratversicherung, sollten Sie Bilanz machen: Was würde es kosten, wenn ich heute meinen Hausrat neu beschaffen müßte? Vergessen Sie bei der Bestandsaufnahme nicht die Dinge in den Schränken. Wenn Sie pro Quadratmeter Wohnfläche 1200 DM nach den Bedingungen von 1984 oder 1992 versichern, prüft im Schadensfall niemand mehr, ob Sie unterversichert sind. Das erspart Ärger und Enttäuschung. Es hat jedoch keinen Sinn, den Hausrat nach diesem System zu versichern, wenn er nicht soviel wert ist. Besser ist es, wenn beide Partner in die Police eingetragen sind, so haben beide die Möglichkeit, als VersicherungsnehmerIn aufzutreten.

Rechtsschutzversicherung

Es besteht bei der Rechtsschutzversicherung die Möglichkeit, den Partner kostenlos mitzuversichern.

Geschieden

Solange Sie glücklich verheiratet sind, wird es Sie nicht erschrecken, daß heute statistisch jede dritte Ehe geschieden wird und daß sich allein in den alten Bundesländern jedes Jahr 100 000 Ehepaare vor dem Scheidungsrichter treffen. Wenn Sie aber selber von einer Scheidung betroffen sind, dann bedeutet das in den meisten Fällen eine totale Umstellung Ihres Lebens, und es ist dann wenig tröstlich, daß es nicht nur Sie trifft. Dabei ist es unerheblich,ob Sie oder Ihr Mann die Scheidung wollten. Kaum eine Trennung erfolgt ohne Streit, wenn es um den finanziellen Teil geht. Häufig trifft es aber die Frauen besonders, weil sie sich plötzlich um Dinge kümmern müssen, die sie vorher nie interessiert haben. Zu diesen Dingen gehörten auch häufig Versicherungen. Was ist noch versichert? Was muß ich als erstes tun? Bin ich noch ausreichend abgesichert?

Krankenversicherung

Wenn Ihre Scheidung rechtskräftig ist, müssen Sie selber für Ihren Krankenversicherungsschutz sorgen. Sie sollten sich aber nicht erst dann mit diesem Thema befassen. Die Absicherung für den Fall der Krankheit ist das Wichtigste überhaupt.

Sind Sie berufstätig und selbst versichert, so ändert sich nichts für Sie. Sind Sie aber bei Ihrem Mann gesetzlich mitversichert, so ist es wichtig, daß Sie der Krankenkasse Ihres Mannes innerhalb eines Monats (max. drei Monate) nach Inkrafttreten der Scheidung mitteilen, daß Sie dort als freiwilliges Mitglied weiterversichert bleiben möchten. Versäumen Sie die Frist, kann die Kasse die Aufnahme ablehnen. Schwierigkeiten kann es aber geben, wenn Ihr Mann in einer Betriebskrankenkasse versichert ist. Erkundigen Sie sich, sobald es um Scheidung geht, ob Sie dort weiterversichert bleiben können. Die private Krankenversicherung kennt keine Familienversicherung. Jede Person ist einzeln versichert. Häufig ist es aber so, daß der Mann Versicherungsnehmer ist und damit auch der alleinige Geschäftspartner der Versicherung. Die Frau ist auch versichert, steht aber nur als versicherte Person mit im Vertrag. Der Mann kann als Versicherungsnehmer den Vertrag der Frau kündigen. Geben Sie also rechtzeitig zu erkennen, daß Sie am Erhalt Ihres Schutzes interessiert sind, und trennen Sie den Vertrag. Das kostet keinen Pfennig mehr. Der Schutz ist Ihnen dann aber sicher.

Haben Sie Interesse, eine eventuell bereits bestehende Zusatzversicherung, beispielsweise Krankenhaus-Zusatzversicherung Ein- oder Zweibettzimmer zu behalten, so ist es ebenfalls wichtig, daß Sie den Vertrag von dem Ihres Mannes trennen. Wenn Sie sowieso einen eigenen Vertrag haben, ändert sich bei der privaten Krankenversicherung nichts. Kinder können unabhängig vom Wohnsitz auch weiterhin beim Vater versichert bleiben.

Pflegekostenversicherung

Prüfen Sie, wer in der Police als Versicherungsnehmer eingetragen ist. Ist das Ihr Mann, so werden Sie dort, falls überhaupt, als versicherte Person abgesichert sein. Da Ihr Mann der Inhaber der Police ist, kann er diese auch verändern. Lassen Sie sich Ihren Versicherungsschutz überschreiben. Die Absicherung für den Pflegefall ist sehr wichtig, denn gerade im Falle einer Scheidung stehen viele Frauen im Alter mit einer kleinen Rente da, von der sie die Pflegekosten nicht bezahlen können. Das Pflegefallrisiko ist aber nicht ans Alter gebunden. Das Risiko besteht immer. In den wenigsten Familien ist Platz für die Aufnahme eines Pflegefalles, Verwandte sind in den meisten Fällen mit der Pflege von Schwerstpflegebedürftigen überfordert. Pflege kostet Geld – viel Geld. Für einen Pflegeplatz werden schon heute 5 000 DM im Monat und mehr verlangt.

Kfz-Versicherung

Auf welchen Namen lautet die Autoversicherung bisher? Das häufigste Modell sieht so aus: Obwohl beide dafür gesorgt haben, daß ein Schadensfreiheitsrabatt »erfahren« wurde, behält der Mann diesen, weil die Versicherung auf seinen Namen läuft. Haben Sie den Zweitwagen gefahren und übernehmen Sie diesen, so können Sie den dort erlangten Schadensfreiheitsrabatt übertragen bekommen.

Private Haftpflichtversicherung

Bis die Scheidung rechtsgültig ist, sind Sie – falls eine solche Versicherung vorhanden ist – in der Familienhaftpflicht mitversichert. Es sei denn, der Vertrag lautet auf Ihren Namen, dann gilt das gleiche für Ihren Mann. Das beste ist, auch schon bei Trennung einen eigenen Vertrag zu haben, denn Sie bekommen keine Mitteilung darüber, wenn die Haftpflichtversicherung gekündigt oder eine andere Person mitaufgenommen wurde. Die Versicherungssumme für Personen- und Sachschäden sollte mindestens 2 Millionen Mark betragen. Solange ein Vertrag vorhanden ist – egal ob beim Vater oder der Mutter –, sind die Kinder auch weiterhin versichert. Nach der Scheidung sollten die Kinder bei der Person mitversichert sein, die das Sorgerecht hat. Die Familienversicherung gilt für Kinder bis zum Abschluß der ersten Ausbildung bzw. des ersten Studiums.

Unfallversicherung

Sind Sie berufstätig, so haben Sie während der Arbeit, auf dem Weg dorthin und zurück Versicherungsschutz. Sie sind durch Ihre(n) ArbeitgeberIn über die Berufsgenossenschaft versichert. Die meisten Unfälle passieren allerdings in der Freizeit und im Haushalt. Der Abschluß einer privaten Unfallversicherung ist ratsam. Verzichten Sie aus finanziellen Gründen am besten auf alle Zusätze wie Krankenhaustagegeld, kosmetische Operationen etc. Wichtig ist, daß viel Geld vorhanden ist, wenn Sie invalide werden sollten. Je jünger ein Mensch ist, desto höher sollte die Invaliditätssumme sein, denn das Geld muß den Lebensstandard sichern – auch im Alter. Es muß eine Umstellung auf ein Leben mit der Invalidität ermöglichen.

Ganz besonders wichtig ist die Unfallversicherung für Kinder, denn sie hatten noch keine Chance, sich ein Kapitalposter aufzubauen.

Berufsunfähigkeit

Sind Sie berufstätig, so sind Sie eventuell nach der Scheidung ganz auf Ihr eigenes Einkommen angewiesen. Ihre Arbeitskraft ist Ihr wichtigstes Kapital. Prüfen Sie, wie es im Falle einer Berufsunfähigkeit ausehen würde. Eine Berufsunfähigkeitsrente wäre auch wichtig, wenn Sie als Hausfrau tätig sind. Leider ist es besonders schwer, hier Schutz zu erhalten. Erkundigen Sie sich bei der gesetzlichen Rentenversicherung, ob Sie Anspruch auf eine Berufs- oder Erwerbsunfähigkeitsrente haben. Bei der privaten Versicherung können auch Hausfrauen eine Berufsunfähigkeitsrente abschließen. Die Höhe ist allerdings begrenzt, und die meisten Anbieter leisten nur bei Erwerbsunfähigkeit.

Altersvorsorge

Bei einer Scheidung werden die gesetzlichen Rentenansprüche im sogenannten Splitting-Verfahren geteilt. Das bedeutet nichts anderes, als daß die während der Ehe angesammelten Werte so verteilt werden, daß der Partner, der mehr hat, dem anderen etwas abgeben muß – also halbe-halbe. Durch diese Regelung fühlen sich viele Frauen abgesichert. Geht es denn aber um die Übertragung der Rentenwerte, so sind das nur Renten von 200 oder 400 DM, die zusätzlich aufs Rentenkonto übertragen werden, je nach Ehedauer und Verdienst. Die gesetzliche Rente reicht nicht einmal für eine Person, wie soll sie dann für zwei reichen? Das wird häufig erst bei

der Scheidung sichtbar – schwarz auf weiß. Haben Sie keinen besonderen Güterstand vereinbart, so steht Ihnen aber auch die Hälfte des Rückkaufwertes der Lebensversicherung zu, der sich während der Ehe angesammelt hat. Wenn Sie aber bedenken, daß bei den Lebensversicherungen in den ersten Jahren kaum Kapital auf dem Konto angesammelt wurde und die Versicherungen erst in den letzten Jahren finanziell so richtig interessant werden, so steht fest, daß die Rechnung zu Lasten der Frauen aufgeht, wenn die Versicherung auf den Namen des Mannes läuft. Er erhält die Auszahlung im Alter und streicht die höchsten Gewinne ein.

Die Frau erhält oft nur die Hälfte der Rückkaufswerte der mageren Jahre, obwohl die Lebensversicherung für die Absicherung beider Ehepartner abgeschlossen wurde.

Für die Frau ist es dann schwer, in der noch verbleibenden Zeit bis zum Rentenbeginn eine gute Altersvorsorge aufzubauen. Das kostet viel Geld. Erhalten Sie einen Vorsorgeunterhalt, sollten Sie diesen konsequent für Ihre Altersvorsorge verwenden. Eine private Rentenversicherung entspricht am ehesten dem gesetzlichen Rentenmodell, denn es wird auch hier die Zusage einer lebenslangen steuerbegünstigten Rentenzahlung gegeben. Sie können bei der privaten Rentenversicherung aber mit einer höheren Auszahlung rechnen.

Hinterbliebenenabsicherung

Häufig wird bei einer Scheidung vereinbart, daß die Frau auch weiterhin in der Lebensversicherung des Mannes als Bezugsberechtigte eingetragen bleibt. Damit soll im Falle seines Todes die Unterhaltszahlung (falls vereinbart) gesichert sein. Achten Sie bitte darauf, daß Sie als unwiderruflich Bezugsberechtigte eingetragen werden, sonst kann Ihr Exmann Sie jederzeit aus dem Vertrag rausstreichen.

Hausratversicherung

Manchmal gehen Frauen davon aus, daß die Hausratversicherung an den Hausrat, für den sie abgeschlossen wurde, gebunden ist. Sie gehen davon aus, daß, wenn der Mann auszieht, der Hausrat weiterhin versichert ist. Sie könnten dann eine böse Überraschung erleben. Läuft der Vertrag auf den Namen des Mannes, so ist sein neuer Hausrat versichert, auch wenn dieser viel geringer ist. Der Hausrat der Frau ist aber nicht abgesichert. Prüfen Sie also, wer in der Versicherungspolice als Versicherungsnehmer eingetragen ist. Häufig ist es nicht günstig, die alte Hausratversicherung zu übernehmen, denn diese ist vielleicht besonders teuer, und es wurde ein unseriöser

Zehnjahresvertrag abgeschlossen. In vielen Fällen ist die Absicherung des Hausrates das geringste Problem, denn erst muß der Mensch abgesichert werden; an wiederbeschaffbare Gegenstände sollte erst in zweiter Linie gedacht werden.

Rechtsschutzversicherung

Vielleicht haben Sie bei der Scheidung versucht, die Familienrechtsschutzversicherung in Anspruch zu nehmen. Keine Chance – nur eine Person hatte die Möglichkeit zu einem Beratungsgespräch. Auf jeden Fall gilt die Rechtsschutzversicherung nur noch für die Person, die im Vertrag als Versicherungsnehmer eingetragen ist. Da dieser Schutz nicht zu den wichtigsten gehört, sollten Sie erst alle anderen Versicherungen prüfen. In vielen Fällen ist der Kostenrahmen, der für Versicherungen zur Verfügung steht, nach der Scheidung sehr begrenzt.

Für Kinder bleibt der Schutz über den Vater bestehen, wenn er eine Rechtsschutzversicherung hat, die Kinder noch nicht älter als 25 Jahre alt sind und sich noch in der Ausbildung befinden.

Was Sie immer schon über Versicherungen wissen wollten

Die meisten Versicherungen sind Ihnen vielleicht vertraut. Aber auch wenn Sie wissen, was eine Unfallversicherung ist, möchten Sie vielleicht doch noch einmal nachlesen, was dort nun wirklich abgesichert ist. In diesem Teil des Buches finden Sie keine Tips, die haben Sie ja schon in dem Kapitel, wo Ihre ganz persönliche Lebenssituation im Hinblick auf Versicherungen beschrieben ist, erhalten. Jetzt geht es nur noch um die Beschreibung der einzelnen Versicherungsarten.

Ich habe mich auf die wichtigsten Versicherungen und auf den privaten Bereich beschränkt.

Krankenversicherung

Gesetzliche Krankenversicherung

Die gesetzliche Krankenversicherung ist eine Solidargemeinschaft, die dem größten Teil der Bevölkerung Krankenversicherungsschutz bietet. Die Absicherung ist gleich für sozial schwache mit Mini-Beitrag wie für gut verdienende Personen, die bis zum 10fachen Beitrag zahlen. Die gesetzliche Krankenversicherung fragt nicht bei Beginn der Versicherung danach, ob jemand gesund oder schwer krank ist. Die Frage lautet nur: pflichtversichert oder freiwilliges Mitglied? Die freiwillige Mitgliedschaft ist nicht für alle Personen möglich. Eine Solidargemeinschaft bedeutet auf der einen Seite, daß Gutverdienende für die mitzahlen, die keine Beiträge leisten, zum Beispiel

Familienangehörige. Auf der anderen Seite bedeutet das aber auch: Wenn man selber in eine Notlage gerät oder zeitweise keine Einkünfte hat (Erziehungsjahre), so kommt man in den meisten Fällen selbst in den Genuß der Leistungen der Solidargemeinschaft. Seit der Gesundheitsreform ist es nicht möglich, je nach finanzieller Lage, etwa bei Eintritt in das Rentenalter, bei Selbständigkeit mit niedrigem Einkommen einfach zu wechseln. Da kann nur versichert bleiben, wer es vorher auch schon war. Hierbei bestehen strenge gesetzliche Bestimmungen.

Die einzelne Versicherte kann in der gesetzlichen Krankenversicherung nicht bestimmen, wie ihr Schutz aussehen soll. Der ist für alle gleich.

Die Ausgaben im Gesundheitswesen sind in den letzten Jahren drastisch gestiegen. Von 8 bis 12 Milliarden Mark Defizit wird gesprochen. Nun kann die gesetzliche Krankenversicherung aber nicht beliebig die Beiträge anheben, denn das geschieht indirekt sowieso jedes Jahr durch die Heraufsetzung der Beitragsbemessungsgrenze. Sie reduziert also die Leistungen. Jedoch versucht sie, Härten dabei zu vermeiden. So übernimmt sie beispielsweise im zahnmedizinischen Bereich auch Kosten oberhalb des ursprünglich üblichen Prozentsatzes, wenn das Einkommen einen Grenzbetrag unterschreitet.

Die gesetzliche Krankenversicherung trägt die Kosten beim Arzt, beim Krankenhaus und bei langer Krankheit. Dabei geht es nur um eine Basisabsicherung, und jede Versicherte sollte bei der Inanspruchnahme einer besonderen Heibehandlung die Kasse vorher fragen, ob die Kosten übernommen werden.

Private Krankenversicherung

In der privaten Krankenversicherung können sich alle versichern, die nicht »pflichtig« sind, das heißt, für die keine Pflichtmitgliedschaft in der gesetzlichen Krankenversicherung besteht. Bei der privaten Krankenversicherung kann von einer Solidargemeinschaft keine Rede sein. Da geht es um die vertraglichen Vereinbarungen. Diese stehen in den Versicherungsbedingungen. Darüber hinaus hat der Versicherte keinerlei Ansprüche – auch nicht im Härtefall. Der privaten Krankenversicherung ist es egal, ob Sie viel oder wenig verdienen, ob es Ihnen vorübergehend nicht möglich ist, Beiträge zu bezahlen. Sie fragt bei Abschluß nur nach Alter und Gesundheit. Sie wird Sie nicht oder nur mit Risikoaufschlag aufnehmen, wenn eine Krankheit noch in Behandlung bzw. nicht ausgeheilt ist.

Bei der privaten Krankenversicherung besteht die Möglichkeit, den Krankenversicherungsschutz ganz genau auf den eigenen Bedarf abzustimmen. Die Beiträge sind in vielen Fällen niedriger als bei der gesetzlichen Krankenversicherung. Das gilt besonders für junge und ledige Frauen, die ein gutes Einkommen haben und bei Antragstellung gesund sind.

Da sich die Kostensteigerung auch bei den privaten Anbietern auswirkt, passen diese ihre Beiträge an, da sie nicht einfach die vertraglich vereinbarten Leistungen kürzen können. Bis spätestens 1994 mußten alle Versicherungen ihre Beiträge anpassen. Es wird unter anderem eine höhere Altersrückstellung gebildet, damit die Beiträge auch für RenntnerInnen bezahlbar sind. Es wird aber noch eine weitere Erhöhung erforderlich sein, denn die Lebenserwartung der Menschen steigt ständig, und das heißt, es müssen noch mehr Rücklagen fürs Alter gebildet werden. Das trifft nicht nur auf die private Krankenversicherung zu, auch die gesetzliche müßte hier reagieren – bis heute werden überhaupt keine Rücklagen gebildet.

Zusatzversicherungen

Gesetzlich Krankenversicherte haben die Möglichkeit, sich mit Zusatzversicherungen einen besseren Versicherungsschutz zu schaffen.

1. Ergänzungstarife: Zum Schließen der Lücken, die durch die Gesundheitsreform entstanden sind. Die Leistungen werden aber nur bei Vorleistung der gesetzlichen Krankenversicherung erbracht.
2. Krankenhauszusatzversicherung: Nicht nur die Wahl eines Einbett- oder Zweibettzimmers ist möglich, sondern auch eine freie Wahl des Krankenhauses. Im Krankenhaus kann die Chefarztbehandlung in Anspruch genommen werden.
3. Zahnzusatztarif: Damit kann der Eigenanteil bei einer Zahnsanierung reduziert werden. Je nach Vertrag werden die Restkosten ganz oder in den meisten Fällen bis zu max. 20 Prozent Eigenanteil bei Zahnersatz übernommen.
4. Reisekrankenversicherung: Sobald die Behandlung einer akuten Erkrankung im Ausland – egal ob in Europa oder außerhalb – erforderlich wird, tritt dieser Schutz für die vereinbarte Zeit ein. Auch ein bezahlter Rücktransport ist möglich, wenn am Urlaubsort keine ausreichende Behandlung möglich ist.

Pflegeversicherung

Private Pflegefallversicherung

Da gibt es mehrere Varianten um den Schutz der Pflegeversicherung zu ergänzen.

Pflegekostenversicherung

Wird die versicherte Person ein Pflegefall und ist die Wartezeit abgelaufen, zahlt die Versicherung einen Prozentsatz der tatsächlichen Pflegekosten – in den meisten Fällen 80 Prozent. Wobei die Gesamtjahresleistung nach oben begrenzt ist, sie liegt zwischen 40 000 und 60 000 DM. Die volle Leistung wird aber nur erbracht, wenn eine Fachkraft die Pflege übernimmt.

Pflegetagegeld

Bis auf wenige Ausnahmen wird das vereinbarte Pflegetagegeld nach einem Punktesystem berechnet. Häufig wird bei häuslicher Pflege durch Laien nichts bezahlt. So kann es vorkommen, daß zwar 100 DM pro Tag versichert wurden, aber nur 25 DM ausgezahlt werden und bei Laienpflege gar nichts.

Pflegerentenversicherung

Auch bei der Pflegeversicherung geht es um eine Rente bei Pflegebedürftigkeit. Die Leistung richtet sich nach der Schwere des Pflegefalles. Bei Eintritt des Pflegefalles müssen keine Beiträge mehr gezahlt werden. Tritt der Pflegefall nicht ein, so wird ab dem 80/85. Lebensjahr trotzdem eine Rente gezahlt. Diese Extraleistung hat allerdings ihren Preis.

Unfallversicherung

Ein Unfall kann jeden treffen. Die Folgen können dann das gesamte Leben verändern. Geld kann die Invalidität nicht rückgängig machen. Es kann aber dazu beitragen, die Auswirkungen und Beeinträchtigungen durch die Invalidität zu mildern, das Leben wieder lebenswert werden zu lassen: Umschulung in einen neuen Beruf, ein der Behinderung entsprechendes Umfeld, eine Pflegekraft und vieles mehr.

Gesetzliche Unfallversicherung

Durch die gesetzliche Unfallversicherung sind Arbeitsunfälle und Berufskrankheiten versichert, einschließlich Unfälle auf dem direkten Weg zum und vom Arbeitsplatz. Bei Kindern im Kindergarten, für Schüler und Studenten gilt Ähnliches.

Angestellte und ArbeiterInnen sind durch ihre(n) ArbeitgeberIn automatisch in der gesetzlichen Unfallversicherung versichert. Auch Selbständige können sich freiwillig in der Berufsgenossenschaft versichern. Der Schutz ist umfangreich.

Private Unfallversicherung

80 Prozent der Unfälle passieren in der Freizeit, und dort kann der Schutz nur über eine private Unfallversicherung erreicht werden. Diese Unfallversicherung gilt für Erwachsene und Kinder rund um die Uhr auf der ganzen Welt und sollte nicht nur für die Freizeit abgeschlossen werden, denn der Mehrbeitrag ist sehr gering. Viele haben keinen Schutz über die Berufsgenossenschaft.

Die private Unfallversicherung sieht Leistungen für den Fall vor, daß eine Invalidität nach einem Unfall besteht. Je nach dem Grad der Invalidität wird die Versicherungssumme ausgezahlt. Die Versicherungssumme sollte mindestens 5 Jahresgehälter bei Frauen unter 40 Jahren und bei Frauen über 40 Jahren mindestens 3 Jahresgehälter absichern. Das ist nur eine ganz grobe Faustregel. Grundsätzlich gilt: je jünger, desto höher sollte die Absicherung sein. Es sollte Kapital vorhanden sein. Nur die Invalidiätssumme ist wichtig. Alles andere, beispielsweise Todesfallschutz, Krankenhaustagegeld/Genesungsgeld, Übergangsentschädigung, kosmetische Operationen, sind nur Nebensächlichkeiten. Bei Invalidität wird keine Rente gezahlt, sondern je nach dem Grad der Invalidität (Gliedertaxe) die anteilige Versicherungssumme. Ab dem 65. Lebensjahr gibt es allerdings nur eine Leibrente. Es ist möglich, eine Progression zu vereinbaren, das heißt, je schwerer die Unfallfolge, desto höher die Leistung.

Im Gegensatz zur Berufsunfähigkeits-Rentenversicherung fragt die Unfallversicherung nicht danach, inwieweit der bisherige Beruf noch ausübt werden kann. Es gibt jedoch auch spezielle Angebote für verschiedene Berufe, beispielsweise Ärztinnen, Musikerinnen.

Berufsunfähigkeitsversicherung

Für Berufstätige bedeutet – bis auf wenige Ausnahmen – das Einkommen Sicherung des Lebensunterhaltes. Heute wird jeder 4. Antrag auf Rente wegen Berufsunfähigkeit gestellt: in den seltensten Fällen wegen Invalidität durch Unfall, sondern aufgrund einer Krankheit und körperlichem Verschleiß. Das Einkommen wird durch eine Berufsunfähigkeitsrente ersetzt. Nicht alle haben einen Anspruch, und die wenigsten haben für eine ausreichende Absicherung gesorgt.

Gesetzliche Berufsunfähigkeitsrente

Die gesetzliche Rente wird gezahlt, wenn eine Frau Anspruch darauf hat. Es wird unterschieden nach völliger Erwerbsunfähigkeit (Erwerbsunfähigkeitsrente) und Berufsunfähigkeit, wenn eine Berufstätigkeit nur noch zu weniger als 50 Prozent ausgeübt werden kann (Berufsunfähigkeitsrente). Ein Anspruch besteht, wenn bereits 5 Jahre in die gesetzliche Rentenversicherung eingezahlt wurde, bei Antrag auf Rente in den letzten 5 Jahren (Anspruch vorausgesetzt) 36 Pflichtbeiträge eingezahlt wurden oder am 1.1.1984 60 Beiträge auf dem Konto verbucht waren und ab dann keine Beitragslücke entstanden ist.

Es ist nicht einfach, eine Rente zu erhalten, denn Verweisungen in andere Tätigkeiten sind möglich, und auch auf einer Umschulung kann bestanden werden. Die Höhe der Rente richtet sich nach den geleisteten Einzahlungen. Sie wird so berechnet, als ob schon bis zum 55. Lebensjahr gearbeitet wurde (zusätzlich ein Drittel bis zum 60. Lebensjahr), um junge Berufstätige nicht zu benachteiligen.

Private Berufsunfähigkeitsrente

Als Ergänzung der gesetzlichen Rente unbedingt erforderlich (Ausnahme: eine unverfallbare Betriebsrente ist bei Berufsunfähigkeit in ausreichender Höhe vorhanden). Zwischen folgenden Modellen kann gewählt werden:

- Volle Berufsunfähigkeitsrente ab 50 Prozent Berufsunfähigkeit.
- Gestaffelte Leistungen: ab 25 Prozent anteilige Rente, bei 50 Prozent anteilige Rente, bei 75 Prozent volle Rente.
- Die Beitragszahlungszeit und die Leistungszusage sind identisch.

- Die Beitragszeit/Vertragszeit weicht von der Leistungsdauer ab. Beispiel: Für eine Berufseinsteigerin, die noch keinen Anspruch in der gesetzlichen Versicherung hat, wird ein Vertrag über 5 Jahre abgeschlossen. Dieser endet dann, wenn bis dahin keine Berufsunfähigkeit eingetreten ist. Wird die Frau aber in den ersten 5 Jahren berufsunfähig, so zahlt die Versicherung bis zum vereinbarten Termin die Rente, zum Beispiel bis zum 60. Lebensjahr.

Die Berufsunfähigkeitsrente kann als eigenständige Versicherung abgeschlossen werden (teuerste Variante). An eine Risikoversicherung gekoppelt, ist sie günstiger. Sie kann aber auch im Rahmen der Altersvorsorge an eine Lebensversicherung mit Sparanteil oder an eine Rentenversicherung gebunden werden. Auch die privaten Anbieter versuchen eine Verweisung auf einen anderen Beruf und eine zumutbare Tätigkeit vorzunehmen. Dieser Beruf darf aber nicht unter dem jetzigen Status liegen. Je qualifizierter und eindeutiger das Berufsbild, desto schwerer die Verweisung. Zum Beispiel bei Ärztinnen ist sie von vornherein in den meisten Fällen ausgeschlossen.

Lebensversicherung

Eine gute Ergänzung oder Basis für eine sichere Altersvorsorge.

Klassische Kapital-Lebensversicherung

Bei der klassischen Kapital-Lebensversicherung handelt es sich um eine Mischform. Im Todesfall wird von der ersten Beitragszahlung an die vereinbarte Versicherungssumme an die Hinterbliebenen ausgezahlt. Zusätzlich wird ein Teil als sogenannter Sparanteil für das Alter angelegt. In den ersten Jahren ist kaum etwas auf dem »Sparkonto«. Für junge Frauen ist diese Form der Lebensversicherung besonders günstig. Diese Versicherung eignet sich für eine Basisabsicherung mit Todesfallschutz, Beitragsbefreiung bei Berufsunfähigkeit und einer Rente bei Berufsunfähigkeit. Ideal für eine Direktversicherung. Für eine Tilungsaussetzung bei einer fremdvermieteten Immobilie. Wenn noch »Luft« bei den Sonderausgaben (Vorsorgeaufwand) ist.

Für alle Lebensversicherungen gilt: Eine vorzeitige Auflösung ist immer mit finanziellem Verlust verbunden. Bei Zahlungsschwierigkeiten gibt es bessere Lösungen. Die Laufzeit für eine steuerfreie Auszahlung muß mindestens 12 Jahre betragen, und der Beitrag darf nicht auf einmal gezahlt worden sein (5 Jahresbeiträge genügen). Eine Dynamik ist nichts anders als ein regelmäßiger kleiner Neuabschluß.

Rentenversicherung

Bei der privaten Rentenversicherung steht nicht die Absicherung der Hinterbliebenen im Vordergrund, sondern die eigene Altersrente. Bei Vertragsablauf kann zwischen einer steuerfreien Kapitalauszahlung (mindestens 12 Jahre Laufzeit und keine einmalige Beitragszahlung) und einer lebenslangen steuerbegünstigten Rentenzahlung gewählt werden. Die private Rentenversicherung ist aufgrund der Zusage einer lebenslangen Zahlung ideal als Ergänzung zur gesetzlichen Rente oder als Ersatz für diese. Es ist keine Gesundheitsprüfung erforderlich. Bei Einschluß einer Absicherung für den Fall der Berufsunfähigkeit ist jedoch, wie bei der klassischen Lebensversicherung auch, eine umfangreiche Gesundheitsprüfung erforderlich.

Fondsgebundene Lebensversicherung

Diese Form der Lebensversicherung entspricht am ehesten den Modellen, wie sie als Lebensversicherung zum Beispiel in England angeboten werden. Es gibt keine garantierte Leistung bei Ablauf. Das Sparkapital wird risikofreudiger angelegt. Das bedeutet das Alles-oder-Nichts-Prinzip. In der Praxis entwickeln sich diese Lebensversicherungen aber gut. Als Basisabsicherung sollte jedoch eine Lebensversicherung mit garantierten Werten gewählt werden. Das Finanzamt akzeptiert diese Form der Lebensversicherung bei den Sonderausgaben nicht. Für eine Direktversicherung ist sie jedoch zulässig.

Risikoversicherung

Die ursprünglichste Form der Lebensversicherung ist die Absicherung für den Todesfall. Hier gehören sie wirklich hin. Sie ist für Frauen besonders preiswert. Mit Altersvorsorge hat das allerdings nichts zu tun. Nur im Todesfall wird das versicherte Kapital ausgezahltt. Weil der Abschluß sehr günstig ist, können auch sehr hohe Summen versichert werden. Je kürzer die Vertragsdauer (Risikodauer), desto günstiger sind die Beiträge.

Haftpflichtversicherung

Private Haftpflicht

Sie sichert Schäden ab, die eine Person einer anderen durch Unachtsamkeit zufügt. Ein kleiner Fehler kann zum Millionenschaden werden. Die Versicherungssumme sollte also auch Millionenschäden absichern (mind. 2 Millionen für Personen- und Sachschäden). Ein Haftpflichtschaden kann ein Leben lang eine Belastung bleiben. Er verjährt nicht, und die Haftung gilt für das gesamte Vermögen und bis zur Pfändungsgrenze. In der privaten Haftpflichtversicherung sind außer Personen- und Sachschäden auch Mietsachschäden mitversichert. Für eine Familie oder ein Paar, das in eheähnlicher Gemeinschaft lebt, genügt ein Vertrag. Die private Haftpflichtversicherung gilt weltweit, in den meisten Fällen auch für einen Auslandsaufenthalt von einem Jahr. Geliehene, gemietete, geleaste oder gepachtete Sachen werden wie Eigentum bewertet, bei deren Beschädigung die private Haftpflichtversicherung nicht für den Schaden aufkommt, denn eigene Schäden sind nicht versichert. Es gibt auch noch andere Ausschlüsse, beispielsweise Schäden, die bei der Ausübung von ehrenamtlichen Tätigkeiten und gefährlichen Sportarten entstehen. Auch bei Kindern unter 7 Jahren leistet die Versicherung nur, wenn die Aufsichtsperson ihre Aufsichtspflicht verletzt hat.

Tierhalterhaftpflicht

Wer einen Hund oder ein Pferd hält, ist für den Schaden haftbar, den sein Tier verursacht. Ein Schaden ist schnell passiert, wenn etwa ein Autofahrer dem Pferd ausweichen muß und dabei gegen einen Baum prallt oder der Hund jemanden beißt. Eine Tierhalterhaftpflichtversicherung ist wichtig, es muß jedoch jedes Tier versichert sein – nicht nur der wilde Hund, sondern auch der friedliche.

Haus- und Grundbesitzerhaftpflicht

EigentümerInnen eines Grundstückes, bebaut oder nicht, und eines Hauses haften für Schäden, wenn Verkehrssicherheitspflicht besteht. Das gilt auch für BesitzerInnen einer Eigentumswohnung. Wenn die Eigentümerin das Haus aber selbst bewohnt und nur ein Zimmer vermietet (bei manchen Versicherungen bis zu 3 Zimmern oder auch eine Einliegerwohnung), ist es nicht erforderlich, diese Haftpflichtversicherung abzuschließen. In der privaten Haftpflichtversicherung sind diese Schadensfälle beitragsfrei mitversichert.

Öltank-Haftpflicht

Je nach Lage und Beschaffenheit des Öltanks ist die Absicherung mehr oder weniger wichtig. Ein Öltank direkt in der Erde kann eine große Gefährdung für das Grundwasser darstellen. Ein neuer Tank im Keller mit großer Auffangwanne stellt ein geringeres Risiko dar.

Kfz-Versicherung

Die Kfz-Haftpflicht

Die Kfz-Haftpflicht ist eine Pflichtversicherung. Sie wird in unterschiedlicher Höhe angeboten. Die unbegrenzte Deckungssumme kostet nur ein paar Mark mehr im Jahr und ist die übliche und sinnvolle Absicherung. Sie steht für den Schaden gerade, der im Zusammenhang mit der Benutzung eines PKW/Motorrades etc. anderen zugefügt wurde.

Kfz-Vollkaskoversicherung

Sie sichert den Schaden am eigenen Fahrzeug ab. Bei Eigenverschulden zahlt keine Haftpflichtversicherung. Je teurer und neuer das Fahrzeug, desto sinnvoller ist dieser Schutz. Aus rechnerischen Gründen sollte eine Selbstbeteiligung gewählt werden. In der Kfz-Vollkaskoversicherung ist die Teilkaskoversicherung enthalten.

Teilkaskoversicherung

Auch ohne den Abschluß einer Vollkaskoversicherung ist die Absicherung möglich. Sie deckt Schäden durch Diebstahl, Brand/Explosion, Sturm (Windstärke 8), Hagel, Blitzschlag, Überschwemmung, Schmorschäden oder Haarwildschäden, auch Glasbruch ist mitversichert. Eine Selbstbeteiligung von 300 DM pro Schaden senkt den Beitrag erheblich.

Hausratversicherung

Seit 1984 werden neue Bedingungen angeboten. Seitdem ist in den Policen (VHB 84) auch Vandalismus im Zusammenhang mit einem Einbruch mitversichert. Weggefallen ist der Versicherungsschutz für einfaches Glas, Fahrräder und Wäsche auf der Leine. Der Versicherungsschutz umfaßt die Risiken Einbruch/Diebstahl/Raub/Feuer, Leitungswasser, Sturm/Hagel. Der Hausrat ist bei den neuen Bedingungen zum Wiederbeschaffungswert versichert. Wertsachen sind bis zu 20 Prozent der Versicherungssumme bis zu einem Höchstsatz mitversichert. Die Versicherungen verzichten auf die Prüfung, ob Unterversicherung vorliegt, wenn pro Quadratmeter Wohnfläche 1200 DM versichert sind. Hausrat ist bewegliches Mobiliar, also alles, was bei einem Umzug mitgenommen werden kann. Bei Aufstellung des Wertes sollten der Inhalt der Schränke und Wertvolles im Keller nicht vergessen werden. Die Prämie richtet sich auch nach dem Wohnort. Auch außerhalb der Wohnung gilt für die Versicherten Versicherungsschutz bis zu 10 Prozent der Versicherungssumme (auf Reisen, im Hotel etc.), aber nicht im Auto.

Bei Bedarf müssen Fahrräder oder Glas (z. B. Fensterscheiben) separat versichert werden. Das Risiko kann in den meisten Fällen aber selbst übernommen werden.

1992 wurden wieder neue Tarife eingeführt, die einen erweiterten Schutz bieten. Sie werden von einigen Unternehmen auch Euro-Tarife genannt.

Rechtsschutzversicherung

Der Rechtsschutz kann als Fahrzeugrechtsschutz, Mietrechtsschutz oder als gesamtes Versicherungspaket mit Strafrechtsschutz, Arbeitsrechtsschutz etc. abgeschlossen werden. Das Angebot verspricht häufig mehr, als es hält. Dafür sorgen diverse Ausschlüsse, beispielsweise Vertragsrechtsschutz bei Selbständigen, Familienstreitigkeiten, etwa Scheidung, Erbangelegenheiten und vieles mehr. Recht ist auch ohne Rechtsschutz zu bekommen, und in Zweifelsfällen ist es häufig besser, die Finger von einem Prozeß zu lassen. Es geht nur um Forderungen, die an andere gestellt werden. Denn für Forderungen, die andere stellen, bietet die Haftpflichtversicherung einen Schutz. Eine gute Anwältin kann sagen, wie es mit den Erfolgschancen aussieht, und wenn ein Prozeß gewonnen wird, fallen sowieso keine Kosten an.

Literaturempfehlung

Wenn Sie sich noch ausführlicher über die einzelnen Versicherungen informieren wollen, empfehle ich Ihnen folgende Bücher:

Heide Härtel-Herrmann/Svea Kuschel, »Finanzberatung für Frauen. Expertinnen sprechen über ihre Erfahrungen«, ECON Verlag, Düsseldorf 1994

Peter Jobst, »Keine Angst vor Versicherungen«, Herford 1989

Klaus Möcks/Andrea Schmitt, »Alles, was man über Renten wissen muß«, Niedernhausen/Ts. 1992

dies., »Alles, was man über Versicherungen wissen muß«, Niedernhausen/Ts. 1992

Friedel Rohde, »Fairsicherungen. Ratgeber für Freiberufler und Betriebe«, Berlin 1991

Mechthild Veil u. a. (Hg.), »Am modernen Frauenleben vorbei: Verliererinnen und Gewinnerinnen der Rentenreform 1992«, Berlin 1992

Kontaktadresse

Arbeitskreis Versicherungs- und Finanzexpertinnen für Frauen – bundesweit
Kontakt über:
Svea Kuschel
Schornstr. 8
81669 München
Telefon (0 89)4 48 57 46
Telefax (0 89)48 29 01

Register